SCIENCE ET RELIGION
Études pour le temps présent

LA BIBLE

DEPUIS

SES ORIGINES JUSQU'A NOS JOURS

PAR

M. l'Abbé Constantin CHAUVIN
Ancien professeur d'Écriture sainte
au grand Séminaire de Laval,
Supérieur du petit Séminaire de Mayenne.

I

LA BIBLE CHEZ LES JUIFS

PARIS
LIBRAIRIE BLOUD ET BARRAL
4, RUE MADAME ET RUE DE RENNES, 59
1900

SCIENCE ET RELIGION

Études pour le temps présent. — Prix : 0 fr. 60 le vol.

— **Certitudes scientifiques et certitudes philosophiques,** par le R. P. DE LA BARRE, S. J., prof. à l'Institut catholique de Paris. 1 vol.

— *Du même auteur :* **L'Ordre de la nature et le Miracle.** 1 vol.

— **L'Ame de l'homme,** par J. GUIBERT, supérieur du séminaire de l'Institut catholique de Paris. 1 vol.

— **Faut-il une religion ?** par l'abbé GUYOT. 1 vol.

— *Du même auteur :* **Pourquoi y a-t-il des hommes qui ne professent aucune religion ?** 1 vol.

— **Nécessité scientifique de l'existence de Dieu,** par P. COURBET. 1 vol.

— *Du même auteur :* **Jésus-Christ est Dieu.** 1 vol.

id. **Convenance scientifique de l'Incarnation.** 1 vol.

— **Etudes sur la pluralité des mondes habités et le dogme de l'Incarnation,** par le R. P. ORTOLAN

I. — *L'Epanouissement de la vie organique à travers les plaines de l'infini.* 1 vol.

II. — *Soleils et terres célestes.* 1 vol.

III. — *Les Humanités astrales et l'Incarnation.* 1 vol.

— *Du même auteur :* **La Fausse Science contemporaine et les Mystères d'Outre-tombe.** 1 vol.

id. **Vie et Matière ou Matérialisme et spiritualisme en présence de la Cristallogénie.** 1 vol.

id. **Matérialistes et Musiciens.** 1 vol.

— **L'Au delà ou la Vie future d'après la foi et la science,** par l'abbé J. LAXENAIRE. 1 vol.

— **Le Mystère de l'Eucharistie. — Aperçu scientifique,** par l'abbé CONSTANT. 1 vol.

— *Du même auteur :* **Le Mal,** sa nature, son origine, sa réparation. 1 vol.

— **L'Eglise catholique et les Protestants,** par G. ROMAIN. 1 vol.

— *Du même auteur :* **L'Inquisition,** son rôle religieux, politique et social. 1 vol.

— **Mahomet et son œuvre,** par I. L. GONDAL, professeur d'apologétique et d'histoire au séminaire Saint-Sulpice. 1 vol.

— *Du même auteur :* **L'Eglise Russe** 1 vol.

— **Christianisme et Bouddhisme** (*Etudes orientales*), par l'abbé THOMAS, vicaire général de Verdun. 2 vol.

— *Du même auteur :* **Dieu auteur de la vie.** 1 vol.

id. **La Fin du monde d'après la Foi.** 1 vol.

— **Où en est l'hypnotisme,** son histoire, sa nature et ses dangers, par A. JEANNIARD DU DOT, auteur du *Spiritisme dévoilé.* 1 vol.

— *Du même auteur :* **Où en est le Spiritisme.** 1 vol.

id. **L'Hypnotisme et la science catholique.** 1 vol.

id. **L'Hypnotisme transcendant en face de la philosophie chrétienne.** 1 vol.

— **L'Apologétique historique au XIXe siècle. La Critique irréligieuse de Renan, etc.**, par l'abbé Ch. Denis. 1 vol.
— **Nature et Histoire de la liberté de conscience**, par l'abbé Canet. 1 vol.
— **L'Animal raisonnable et l'Animal tout court**, par C. de Kirwan. 1 vol.
— **La Conception catholique de l'Enfer**, par l'abbé Brémond. 1 vol.
— **L'Attitude du catholique devant la Science**, par G. Fonsegrive. 1 vol.
— *Du même auteur* : **Le Catholicisme et la Religion de l'Esprit.** 1 vol.
— **Du Doute à la Foi**, par le R. P. Tournebize, S. J. 1 vol.
— *Du même auteur* : **Opinions du jour sur les peines d'outre-tombe.** 1 vol.
— **La Synagogue moderne**, sa doctrine et son culte, par A. F. Saubin. 1 vol.
— *Du même auteur* : **Le Talmud et la Synagogue moderne.** 1 vol.
— **Evolution et Immutabilité de la doctrine religieuse dans l'Eglise**, par M. Prunier, supérieur de grand séminaire. 1 vol.
— **La Religion spirite**, son dogme, sa morale et ses pratiques. par I. Bertrand. 1 vol.
— *Du même auteur* : **L'Occultisme ancien et moderne.** 1 vol.
— **L'Hypnotisme franc et l'Hypnotisme vrai**, par le Docteur Hélot. 1 vol.
— **L'Eglise et le Travail manuel**, par l'abbé Sabatier. 1 vol.
— **Unité de l'espèce humaine**, *prouvée par la similarité des conceptions et des créations de l'homme*, p. le marquis de Nadaillac. 1 vol
— *Du même auteur* : **L'Homme et le Singe.** 2 vol.
— **Le Socialisme contemporain et la Propriété**, par M. G. Ardant. 1 vol.
— **Pourquoi le Roman à la mode est-il immoral et pourquoi le Roman moral n'est-il pas à la mode ?** p. G. d'Azambuja. 1 vol.
— **Comment se sont formés les Evangiles ?** par le P. Th. Calmes, professeur au grand séminaire de Rouen. 1 vol.
— **L'Impôt et les Théologiens**, *Etude philosophique, morale et économique*, par le comte de Vorges, ancien ministre plénipotentiaire, membre de l'Académie de Saint-Thomas, etc., etc. 1 vol.
— *Du même auteur* : **Les Ressorts de la Volonté et le libre arbitre.** 1 vol.
— **Nécessité mathémathique de l'existence de Dieu.** *Explications. — Opinions, Démonstrations*, par René de Cléré. 1 vol.
— **Saint Thomas et la Question juive**, par Simon Deploige, professeur de l'Université Catholique de Louvain. 1 vol.
— **Premiers principes de Sociologie Catholique**, par l'abbé Naudet. 1 vol.
— **La Patrie.** — *Aperçu philosophique et historique*, par J. M. Villefranche. 1 vol.
— **Le Déluge de Noé et les races Prédiluviennes**, par C. de Kirwan. 2 vol.
— **La Saint-Barthélemy**, par Henri Hello. 1 vol.
— **L'Esprit et la Chair.** *Philosophie des macérations*, par Henri Lasserre, auteur de *Notre-Dame de Lourdes*, etc., etc. 1 vol.

— **Le Problème Apologétique**, par l'abbé C. Mano, docteur en philosophie. 1 vol.

— **Le Levier d'Archimède ou la Mécanique céleste et le Céleste mécanicien**, p. le R. P. Ortolan. 2 vol.

— **Ce que le Christianisme a fait pour la femme**, par G. d'Azambuja. 1 vol.

— **L'Hypnotisme et la Stigmatisation**, par le Dr Imbert-Gourbeyre. 1 vol.

— **L'Education chrétienne de la Démocratie**, *essai d'apologétique sociale*, par Ch. Calippe. 1 vol.

— **La Religion catholique peut-elle être une science ?** par l'abbé G. Frémont. 1 vol.

— *Du même auteur :* **Que l'Orgueil de l'Esprit est le grand écueil de la Foi**, *Théodore Jouffroy, Lamennais, Ernest Renan*. 1 vol.

— **La Révélation devant la Raison**, par F. Verdier, supérieur de Grand Séminaire. 1 vol.

— **Confréries musulmanes**. — *Histoire, Discipline, Hiérarchie*, par le R. P. Petit. 1 vol.

— **Pratique de la Liberté de conscience dans nos Sociétés contemporaines**, par l'abbé Canet. 1 vol.

— **Comment peut finir l'Univers**, d'après la science, par C. de Kirwan. 1 vol.

— **Les Théories modernes de la Criminalité**, par le Docteur Delassus. 1 vol.

— **Faillite du Matérialisme**, par Pierre Courbet, 3 vol. *se vendant séparément :*

I. — *Historique*. 1 vol.

II. — *Discussion ; l'atome et le mouvement*. 1 vol.

III. — *Discussion ; l'éther, le gaz, l'attraction. Conclusion. — Appendice*. 1 vol.

— **Le Globe terrestre**, par A. de Lapparent, Membre de l'Institut, professeur à l'Ecole libre des Hautes Etudes, 3 vol. *se vendant séparément*.

I. — *La Formation de l'écorce terrestre*. 1 vol.

II. — *La nature des mouvements de l'écorce terrestre*. 1 vol.

III. — *La Destinée de la terre ferme et la Durée des temps*. 1 vol.

— **De la Connaissance du Beau**, *sa définition, application de cette définition aux beautés de la nature*, par l'abbé Gaborit, archiprêtre de la Cathédrale de Nantes. 1 vol.

— **Le Diable dans l'Hypnotisme**, par le docteur Ch. Hélot. 1 vol.

— **De la Prospérité comparée des nations protestantes et des nations catholiques**, *au point de vue économique, moral, social*, par le R. P. Flamérion, S. J. 1 vol.

— **L'Art et la Morale**, par le P. Sertillanges, dominicain, docteur en théologie. 1 vol.

— **La Sorcellerie**, par I. Bertrand. 1 vol.

— **Qu'est-ce que l'Ecriture sainte ?** *Les Livres inspirés dans l'antiquité chrétienne : Théorie de l'inspiration*, p. le P. Th. Calmes. 1 vol.

(DEMANDER LA LISTE DES NOUVEAUX OUVRAGES PARUS)

ST-AMAND (CHER). — IMPRIMERIE DESTENAY, BUSSIÈRE FRÈRES

LA BIBLE

DEPUIS SES ORIGINES JUSQU'A NOS JOURS

SCIENCE ET RELIGION

Etudes pour le temps présent

LA BIBLE

DEPUIS

SES ORIGINES JUSQU'A NOS JOURS

PAR

M. l'Abbé Constantin CHAUVIN

Ancien professeur d'Écriture sainte
au grand Séminaire de Laval,
Supérieur du petit Séminaire de Mayenne.

I

LA BIBLE CHEZ LES JUIFS

PARIS

LIBRAIRIE BLOUD ET BARRAL

4, RUE MADAME ET RUE DE RENNES, 59

1900

APPROBATION

J'ai lu, avec un vif intérêt, toute entière votre petite brochure. Laissez-moi vous dire que j'ai trouvé dans cette lecture non seulement un véritable plaisir, mais un réel profit. Je recommande volontiers votre substantielle étude à tout mon clergé et même aux hommes du monde qui aiment à remonter aux sources de la vérité religieuse.

† PIERRE-JOSEPH,
évêque de Laval.

Laval, 8 janvier 1900.

LA BIBLE CHEZ LES JUIFS

La Bible appartient à tous les temps et à tous les peuples ; c'est le livre de l'humanité, car on y trouve « les plans de Dieu sur le monde, les lois primordiales et universelles, les commencements des races, la lutte du bien contre le mal dans ses manifestations les plus profondes, la promulgation authentique de la vérité, et par-dessus tout, du sommet à la base, la figure du Christ éclairant tout de sa lumière et de sa beauté (1) ».

Mais la Bible fut tout d'abord et resta pendant fort longtemps l'exclusive propriété de la nation juive. Parmi les races antiques, aucune ne fut plus favorisée de Dieu que la race d'Abraham. D'autres peuples sans doute eurent matériellement de très brillantes destinées : la Grèce, par exemple, hérita du génie des arts et des lettres ; Rome eut l'empire des armes et la force du commandement :

Tu regere imperio populos Romane memento (2) ;

Israël seul reçut le dépôt des révélations divines (3) avec la charge glorieuse de préparer les voies au règne du Messie dans le monde.

Aussi, quarante siècles durant, ce peuple garda « son livre » — la Bible — avec un soin jaloux. Il l'emporta sur les bords des fleuves de Babylone ; mille et mille fois il le lut et relut pendant l'exil.

(1) Lacordaire, 2e *lettre à un jeune homme sur le culte de J.-C. dans les Ecritures.*

(2) *Œneid.*, vi, 851.

(3) « Credita sunt illis (Judæis) eloquia Dei », écrivait saint Paul aux Romains, iii, 2.

Quand « la plénitude des âges » (1) arriva, il l'avait encore aux mains, cherchant à découvrir en ses pages mystérieuses le jour et l'heure du Messie, qu'il devait voir, hélas ! sans le reconnaître. Et depuis, en dépit des catastrophes qui ont brisé son existence nationale et l'ont jeté lui-même aux quatre vents du ciel, Israël ne s'est pas dessaisi un seul instant de sa Bible ; elle le suit partout comme sa consolation et sa suprême espérance. S'il ne peut empêcher que d'autres partagent désormais avec lui l'honneur de l'interpréter et de la lire, il ne permet du moins à personne de l'étudier avec plus d'amour ni d'en scruter chaque ligne, chaque mot, chaque lettre, avec une avidité plus tenace que lui.

PRÉLIMINAIRES

APERÇU GÉNÉRAL DES LIVRES DE LA BIBLE JUIVE

§ I. — Nombre et groupements divers de ces livres.

La Bible juive renferme les écrits sacrés composés avant l'ère chrétienne. Le nombre de ces écrits s'est accru progressivement, et varie suivant les différents *canons* (2) ou collections des synagogues.

La Bible juive *grecque* — appelée aussi Bible des Septante (3), ou d'Alexandrie — ne contient pas moins de *quarante-sept livres* distincts. En voici la liste : *Genèse, Exode, Lévitique, Nombres, Deutéronome, Josué, Juges, Ruth,* 1er, 2e, 3e *et* 4e *des Rois,* 1er *et* 2e *des Paralipomènes, Esdras, Néhémie, Tobie, Judith, Esther, Job, Psaumes,*

(1) *Gal.*, IV, 4.

(2) Dans la langue théologique on désigne sous le nom de *Canon* la collection authentique des livres sacrés reconnus comme tels par l'autorité compétente de la synagogue ou de l'Eglise chrétienne.

(3) Voir plus bas, p. 29, ss.

Proverbes, Ecclésiaste, Cantique, Sagesse de Salomon, Sagesse de Sirach, Osée, Amos, Michée, Joël, Abdias, Jonas, Nahum, Habacuc, Sophonie, Aggée, Zacharie, Malachie, Isaïe, Jérémie, Baruch, Lamentations de Jérémie, Epître de Jérémie (1), *Ezéchiel, Daniel*, 1er *et* 2e *des Machabées.*

La Bible juive *hébraïque* ne compte que *trente-neuf* livres. La synagogue de Jérusalem, qui se servait de cette Bible, ne voulait point reconnaître officiellement (2) certains livres admis par les Juifs Hellénistes, tels que la *Sagesse dite de Salomon, la Sagesse de Sirach* (*Ecclésiastique*), *Tobie, Judith, les* 1er *et* 2e *livres des Machabées* (3).

Les 39 livres de la Bible palestinienne furent diversement groupés, suivant les époques. Au siècle de l'historien Josèphe, et auparavant, ils formaient une collection de *vingt-deux* livres, conformément au nombre des lettres de l'alphabet hébreu. On comptait cinq livres de la *Loi* : *Genèse, Exode, Lévitique, Nombres, Deutéronome ;* — treize livres des *Prophètes : Josué, Juges* (avec *Ruth*) *Samuel* (1er *et* 2e *des Rois*), *Rois* (2e *et* 3e *des Rois*), *Paralipomènes* (1er et 2e), *Esdras* (avec *Néhémie*), *douze petits prophètes, Isaïe, Jérémie* (avec *Lamentations* et *Baruch*), *Ezéchiel, Daniel, Job, sther ;* — quatre livres des *Hagiographes : Psaumes, Proverbes, Ecclésiaste, Cantique.*

Plus tard, le recueil eut *vingt-quatre* livres (au lieu de vingt-deux), parce qu'on énuméra séparément *Ruth* et les *Lamentations.* A cette fin la lettre *iod* (י), initiale du tétragramme divin (יהוה), fut répétée trois fois. Selon quelques rabbins, le recueil devrait même compter *vingt-sept* livres ; on répète dans ce cas cinq des consonnes de l'alphabet, savoir le *caph*, le *mem*, le *nun*, le *phe*, le *tsade*, qui s'écrivent d'une façon particulière lorsqu'ils terminent un mot (4). — Il est clair que tout cela est affaire d'arrangement.

(1) Dans la Vulgate latine, cette Epître forme le chapitre VI de *Baruch.*

(2) Voir plus bas, pp. 31, 32.

(3) A noter que *Baruch*, dont l'*Epître* de Jérémie formait le chapitre final, a disparu depuis longtemps des Bibles hébraïques. Saint Jérome (331-420) ne la possédait plus. On croit que le texte original s'en est perdu vers la fin du IIIe siècle.

(4) Voir Sixte de Sienne, *Bibliotheca,* t. I, pp. 3-4 ; Mazocchi, *Spicilegium bibl.*, prolegomena, p. XXI.

Ce qui n'a pourtant point varié dans la Bible juive *hébraïque*, c'est la division des livres en trois sections : *Loi* (תורה) (1), *Prophètes* (נביאים), *Hagiographes* (כתובים). Cet ordonnancement remonte à une haute antiquité. On le trouve indiqué non seulement dans les *Evangiles* mais encore dans le *Prologue de l'Ecclésiastique* qui date, pense-t-on, du IIe siècle (av. J.-C.). Les Juifs croient cette division basée « sur la sainteté et l'autorité relatives des livres qui y figurent, et qui furent écrits sous une inspiration progressivement décroissante : la *Loi*, sous l'inspiration directe ou immédiate, appelée la *dictée* de Dieu ; les *Prophètes* sous l'inspiration indirecte mais supérieure ; les *Hagiographes* sous une inspiration inférieure dite *esprit saint* (2). »

§ II. — Ordre harmonique des livres de la Bible juive.

Les Ecritures constituent un remarquable ensemble de traditions historiques et de vérités doctrinales. « Depuis son premier verset jusqu'au dernier, dit Lacordaire, la Bible est un enchaînement magnifique, un progrès lent et continu, où chaque flot pousse celui qui le précède et porte celui qui le suit (3). »

Ouvrons la *Genèse* (4), que les Juifs appellent *Bereschith* ; c'est le mot par lequel ce livre commence en hébreu. La *Genèse* est le livre des origines. On y lit les commencements du monde et de l'humanité depuis la création jusqu'à la mort de Joseph. Cette histoire embrasse des milliers d'années. Aujourd'hui une certaine

(1) Le recueil des cinq livres de la *Loi* est ordinairement appelé *Pentateuque*, de πεντέ et τεῦχος. Cette dénomination vient peut-être des Septante.

(2) Wogué, *Histoire de la Bible*, p. 8. — Nous prions le lecteur d'observer que cette théologie (juive) de l'inspiration biblique n'est pas admissible, les livres de l'Ecriture étant *tous également inspirés*. Voir l'Encyclique de Léon XIII, *Providentissimus*.

(3) *Conférences de N.-D. de Paris*, année 1836, 3e Conférence.

(4) De γενέσις, origine, naissance. Nous sommes redevables aux Septante de ce nom, ainsi que de ceux qui désignent les quatre autres livres du Pentateuque.

critique nie l'unité de plan de la *Genèse*; c'est à tort. Ce livre esquisse et gradue fort bien les phases multiples du grand mouvement providentiel qui, aboutissant à l'élection de la famille d'Abraham, mit celle-ci au premier plan de la scène du monde.

Qu'on suive la marche de l'auteur dans l'histoire des généalogies humaines, on verra que lorsque l'une d'elles se subdivise en plusieurs rameaux, ces rameaux sont invariablement énumérés dans l'ordre inverse de leur importance, la branche principale étant nommée la dernière. Ainsi Moïse élimine les branches secondaires successivement pour ne garder que la branche principale (1). « L'histoire d'Adam, observe Vigouroux, élimine la race de Caïn ; l'histoire de Noé élimine la ligne de Seth (Noé excepté) ; l'histoire des enfants de Noé élimine Cham et Japhet ; l'histoire de Sem élimine tous ceux de ses enfants qui ne font pas partie de la famille de Tharé ; l'histoire de Tharé élimine tous ceux qui ne font pas partie de la famille d'Abraham ; l'histoire d'Ismaël élimine la race de cet enfant d'Abraham ; l'histoire d'Isaac prépare l'élimination de la race d'Esaü (2) ». Il ne reste donc plus que la famille de Jacob ; elle s'épanouit aussitôt en douze patriarches, pères eux-mêmes de douze tribus, lesquelles formeront le noyau du peuple choisi d'où le Messie sortira.

Les quatre autres livres du Pentateuque contiennent l'histoire de cette bénie famille. L'*Exode* (de ἔξοδος, *sortie*) raconte les malheurs des enfants de Jacob en Egypte, puis leur délivrance, le passage de la mer Rouge et la promulgation de la loi au Sinaï. C'est un résumé rapide des trois cent soixante années qui s'écoulèrent entre la mort de Joseph et l'érection du tabernacle au désert. Le but de l'*Exode* est de montrer comment Dieu fonda définitivement le royaume théocratique au sein de la descendance d'Abraham devenue un peuple, — le peuple d'Israël.

Quant au *Lévitique*, recueil des lois de la nation nouvelle, on le regarde comme une annexe de l'*Exode*. Le lecteur y trouve exposée l'organisation reli-

(1) Cf. Delattre, *Revue des questions historiques*, t. XX, année 1876.

(2) *Manuel Biblique*, t. I, p. 299.

gieuse d'Israël en tant que « peuple de Jéhovah ».

Les *Nombres* renferment le dénombrement des enfants d'Israël, et racontent aussi les détails les plus marquants du séjour des tribus au désert, C'est l'histoire de trente-neuf années, du Sinaï à la Terre promise. Le but du livre est de mettre en lumière toujours les développements progressifs de l'alliance théocratique.

Enfin le *Deutéronome* (de δευτέρος et νόμος, *seconde loi*) forme une sorte de résumé des trois derniers livres dont nous venons de parler. On y lit les discours suprêmes de Moïse à son peuple, et le récit de la mort du grand législateur.

Au Pentateuque se rattachent étroitement *Josué* et les *Juges* (1), premiers anneaux de cette série de livres appelés communément livres *historiques* et qu'on divise en deux groupes, « selon qu'ils exposent 1) les progrès successifs, puis la décadence de la théocratie juive en Palestine, jusqu'à la ruine de Jérusalem par Nabuchodonosor ; 2) La manière dont Dieu daigna renouer le fil à demi brisé de l'alliance et reconstituer la théocratie primitive (2) ». — Au premier groupe appartiennent *Josué*, les *Juges*, *Ruth*, les *Rois* (quatre livres) (3), les *Paralipomènes* ou *Chroniques* (deux livres). Dans le deuxième groupe on fait rentrer *Esdras*, *Néhémie*, *Tobie*, *Judith*, *Esther* et les *Machabées* (deux livres).

Le livre de *Josué*, embrasse une période d'environ cinquante ans. Il raconte les préparatifs de la conquête du pays de Chanaan, les miracles qui la signalèrent, le partage du territoire entre les tribus, enfin la mort de Josué. — Les *Juges* ou *Sofetim* (4) ne sont que la continuation du livre précédent. On y trouve l'his-

(1) Voilà pourquoi on parle aujourd'hui de l'*Hexateuque* et même de l'*Heptateuque*.

(2) Fillion, *La Sainte Bible*, t. II, p. 6.

(3) Les deux premiers livres sont désignés dans la Bible juive sous le nom de *Samuel* (I et II) et les deux autres sous le nom de *Melakim* (I et II).

(4) Comparer avec les *Suffètes*, hauts dignitaires de la république carthaginoise — Les *Sofetim* d'Israël furent assez nombreux ; d'aucuns en comptent jusqu'à dix-sept ; somme toute, il y en eut treize ou quatorze.

toire des luttes que les Israélites, sous la conduite d'hommes suscités de Dieu, eurent à livrer pendant plus de trois siècles pour asseoir leur domination en Chanaan. — *Ruth* est une gracieuse idylle, au fond historique. Il s'agit d'un fait qui se passa à l'époque des *Sofetim* d'Israël. On peut regarder ce *libellus* comme l'épilogue du livre des *Juges*, et la préface aux livres des *Rois*, et des *Paralipomènes*.

Ces derniers écrits — *Rois* et *Paralipomènes* — forment un tout relativement complet. On voit s'y dérouler les vicissitudes du royaume théocratique, tantôt florissant sous David et Salomon, tantôt moins prospère sous leurs successeurs, jusqu'au temps de l'exil. Cette histoire de la monarchie israélite dans ses rapports avec le « Dieu de l'alliance » embrasse une période d'environ 600 ans, depuis Héli et Samuel jusqu'à la restitution des honneurs royaux faite par Evilmérodach à Joachin. — Le 1er livre des *Rois*, ou 1er *de Samuel*, contient l'histoire d'Héli, de Samuel et de Saül, mais déjà, vers la fin, David apparaît pour succéder au fils de Cis que Dieu a maudit. Ces faits occupent un siècle entier. — Le 2e des *Rois*, ou 2e *de Samuel*, est consacré au règne de David. La période racontée est d'environ trente années. — Le 3e des *Rois*, ou 1er *Melachim* dans la Bible juive, commence au sacre de Salomon. Il rapporte aussi l'histoire synchronique des deux royaumes de Juda et d'Israël, après le schisme, jusqu'à la mort d'Achab et de Josaphat fils d'Asa. C'est une période de 115 à 120 ans. — Le 4e des *Rois*, ou 2e des *Melachim*, (style juif) renferme d'abord l'histoire d'Israël et de Juda à partir d'Ochozias et de Joram jusqu'à la prise de Samarie, puis l'histoire du royaume de Juda seul à partir de la prise de Samarie et du règne d'Ezéchias jusqu'à la ruine de Jérusalem sous Sédécias. Ce sont deux périodes très distinctes comprenant l'une 175 années et l'autre 160 environ (1).

(1) Dans la Bible juive *Josué*, les *Juges*, *Samuel* (1er et 2e des *Rois*. Vulg.) et les *Rois* (3e et 4e des *Rois*. Vulg.) appartiennent au groupe des *premiers prophètes*, ראשונים נביאים. Le mot *prophètes* n'a point ici le sens qu'on lui donne ordinairement ; il désigne tout *homme inspiré* de Dieu.

Quant aux Paralipomènes (1) — que les Juifs désignent sous le nom de *Chroniques*, *verba dierum*, — on se tromperait si on les regardait comme un simple supplément aux livres des *Rois*. Ces *Chroniques* qui ont un but très caractérisé renferment l'histoire de la royale maison de David, non seulement à l'époque où celle-ci atteignait l'apogée de sa gloire, mais encore à l'époque du schisme où elle passa par tant d'alternatives de prospérité et de revers. De ces récits se dégage cette conclusion que le « Dieu de l'alliance » n'abandonna jamais — même pendant l'exil — la race du roi-prophète qui devait donner son sang au Rédempteur.

Nous rapprocherons des *Paralipomènes* et des *Rois* les livres de *Judith*, d'*Esther* et de *Tobie*, monographies fort curieuses, contenant plusieurs épisodes de l'histoire juive ; elles nous montrent l'incessante sollicitude de Jéhovah pour son peuple. — Le sujet de *Judith* est la délivrance de Béthulie et la défaite d'Holopherne. Ces événements précédèrent d'un certain nombre d'années la chute de Jérusalem. — Les livres de *Tobie* et d'*Esther* racontent des faits qui se passèrent durant les deux captivités de Ninive et de Babylone. L'histoire de Tobie et de son fils exilés à Ninive constitue un touchant récit des bontés du Seigneur envers les siens qu'il n'abandonne jamais. L'histoire d'Esther, l'aimable captive, qui sut gagner les bonnes grâces d'Assuérus (Xerxès Ier, fils de Darius Ier) et l'inclina à pardonner au peuple juif, comprend une série de tableaux du plus haut intérêt. La synagogue a toujours révéré particulièrement ce livre d'*Esther* (2). « Les Prophètes et les Hagiographes pourront disparaître, dit le *Talmud*, mais le volume d'Esther est impérissable ». C'est dans ce livre qu'est relatée l'institution de la célèbre fête de *Pourim* ou des *Sorts*.

Au point où les *Paralipomènes* laissent l'histoire juive, les deux livres d'*Esdras* (3) — *Esdras* et *Néhémie*

(1) De παραλειπομένα, « choses omises ». Cette dénomination, qui vient des Septante, est assez inexacte.

(2) Elle oblige les Juifs à le lire intégralement avec le Pentateuque dans les assemblées synagogales.

(3) Les deux livres d'*Esdras-Néhémie* ainsi que le livre

— la reprennent et la continuent. Ils montrent comment la théocratie fut rétablie en Israël, après la captivité, par les soins de Zorobabel et d'Esdras d'abord, de Néhémie ensuite. — Le premier livre détaille certains faits importants : le retour en Judée d'une première caravane d'Israélites sous la conduite de Zorobabel ; les premiers travaux de reconstruction du temple ; l'arrivée d'une nouvelle caravane conduite par Esdras ; etc. Ces récits embrassent une période de soixante-dix à quatre-vingts ans. — Le second livre s'occupe plus particulièrement de Néhémie qui poursuivit l'œuvre d'Esdras, releva l'enceinte de Jérusalem, et restaura la religion. C'est l'histoire d'une douzaine d'années (1).

Nous touchons ainsi aux derniers siècles de la théocratie israélite. Les deux livres des *Machabées* racontent en partie cette période finale, — soit depuis le règne d'Antiochus Epiphane jusqu'à la mort du grand-prêtre Simon (de 170 à 135 avant Jésus-Christ). On y lit les luttes religieuses que les Juifs eurent à soutenir contre les rois de Syrie, et les glorieux exploits du prêtre Mathathias et de son fils, Judas Machabée.

A partir de ce moment, l'histoire sacrée reste muette. La Bible juive n'est pas seulement une « histoire » ; elle est encore dans certaines parties un monument superbe de philosophie morale et de haute poésie.

Quatre livres surtout se composent de maximes philosophiques, très supérieures pour la plupart à celles des sages les plus renommés, car « on y sent une présence de Dieu qui élève l'âme au-dessus de la portée naturelle de la raison (2) ». Ce sont les *Proverbes*, l'*Ecclésiaste*, la *Sagesse*, et l'*Ecclésiastique* (3).

Les deux premiers livres, rédigés en hébreu, sont attribués au roi Salomon. — Les *Proverbes* renferment

d'*Esther* et les *Chroniques* font partie des *Hagiographes* (כתובים), de la Bible juive.

(1) Voir Van Hoonacker, *Zorobabel. — Néhémie et Esdras.*

(2) Lacordaire, *Conférence citée.*

(3) Ce mot est d'origine latine. On l'employa de bonne heure pour désigner la *Sagesse* du fils de Sirach, parce que l'Eglise faisait un fréquent usage de ce livre dans les lectures publiques.

une collection fort intéressante de règles morales. L'auteur ou les collecteurs n'y ont pas suivi un ordre rigoureux ; les maximes se succèdent sans liaison apparente. Néanmoins elles sont présentées presque toutes dans la première partie du livre sous la forme d'exhortations, et dans la seconde sous la forme de sentences brèves et incisives. On rencontre çà et là quelques magnifiques aperçus sur la création, sur l'immortalité de l'âme, sur la Sagesse divine. — L'*Ecclésiaste* (*Kohelet* en hébreu) ressemble assez à une thèse que l'auteur établit en montrant comment l'homme doit s'élever au-dessus de la terre pour tendre vers Dieu le seul bien désirable (1).

La *Sagesse* (dite de Salomon) et l'*Ecclésiastique* (de Sirach) ont été écrits celle-là en grec et celui-ci en hébreu. Nous réunissons ces deux livres parce qu'ils appartiennent à la même époque et au même genre de littérature. La *Sagesse* invite le lecteur à suivre les conseils du véritable sage qui est Dieu lui-même ; elle veut qu'on pratique la justice et qu'on déteste l'impiété et l'idolâtrie. L'*Ecclésiastique* offre une doctrine morale analogue, mais aux préceptes l'auteur ajoute des exemples, — les exemples des saints personnages de l'ancienne alliance.

La Bible juive a encore des poésies incomparables. Elles sont renfermées surtout dans trois livres : *Job*, les *Psaumes*, le *Cantique des cantiques*. — *Job* est un poème, riche en descriptions grandioses ; c'est un poème philosophique, composé d'entretiens entre plusieurs amis. Le fameux problème de la souffrance sur la terre y est discuté et péremptoirement résolu. — Tout le monde connaît les *Psaumes*, ces chants admirables qui rendent si bien les sentiments d'amour surnaturel, de reconnaissance, de joie, de tristesse, etc., qui peuvent traverser l'âme humaine. Ils sont au nombre de cent cinquante. — Quant au *Cantique des cantiques*, c'est une délicieuse idylle où le Christ et l'Eglise sous la figure de l'époux et de l'épouse chantent leur mutuel amour.

De ces livres poétiques on peut rapprocher les écrits

(1) Les *Proverbes* et l'*Ecclésiaste* dans la Bible hébraïque sont rangés parmi les *Hagiographes*.

des *Prophètes* (1) qui sont au nombre de seize y compris les *Lamentations* ou θρῆνοι (2), qui appartiennent à Jérémie.

Le premier des prophètes dans l'ordre de la Bible juive, et le prince de tous, s'appelait Isaïe. Il vécut au VIIIe siècle (av. J.-C.) sous les rois de Juda, Ozias, Joatham, Achaz et Ezéchias. Ses oracles concernent tour à tour la nation israélite et les peuples païens. Nul n'a mieux parlé que lui de l'Emmanuel, ni décrit en plus magnifiques termes le règne glorieux du Messie. Mais sa grande gloire est d'avoir été l'évangéliste, avant la lettre, de la passion du Rédempteur. Isaïe raconte les détails de ce drame douloureux avec une précision telle qu'on croirait lire un historien plutôt qu'un prophète. Les critiques rationalistes ont voulu lui enlever ces pages et les attribuer à un autre ; leurs efforts n'ont pas réussi.

Jérémie, postérieur à Isaïe, vivait au VIIe siècle, sous Josias, Joachim, Jéchonias et Sédécias, rois de Jérusalem. Ses oracles s'adressent au peuple théocratique et aux nations idolâtres. On y lit les plus terribles menaces contre Israël ingrat et infidèle, et contre les étrangers, ennemis de Juda. Jérémie est aussi l'auteur des *Lamentations* (θρῆνοι), admirables élégies sur la prise de Jérusalem et les malheurs de la nation sainte.

Ezéchiel appartient à la captivité (VIe siècle). Ses prophéties sont dirigées contre Juda et Jérusalem et contre les païens ; elles renferment toutefois des promesses consolantes de relèvement pour Israël. De tous les écrivains sacrés de l'ancienne alliance, Ezéchiel est le plus original et l'un des plus difficiles à comprendre. Les Juifs n'en permettaient la lecture qu'à l'âge de 30 ans, à cause du caractère mystique et ésotérique des premières visions (3).

Avec Ezéchiel, Isaïe et Jérémie, Daniel forme le groupe des quatre grands prophètes. La synagogue le

(1) Ce sont les *Prophetæ posteriores* (נביאים אחרונים) de la Bible hébraïque. Exceptons *Daniel* que la synagogue place parmi les *Hagiographes*.

(2) *Baruch* n'existe plus dans la Bible des Juifs modernes.

(3) Traité *Menach.*, 45, *a*.

comptait jadis parmi les *Nebîim* (1), mais depuis le IVe siècle, elle l'a relégué parmi les *Hagiographes*. Notre prophète vécut pendant l'exil de Babylone. Son livre à la fois historique et prophétique contient de magnifiques prédictions sur l'avenir de l'Eglise de Dieu.

Les autres prophètes dont nous possédons les œuvres — collectionnées dans le Δωδεκαπρόφητον — portent le nom de *petits Prophètes*. Leurs oracles écrits sont, en effet, relativement peu considérables. La Bible juive actuelle les dispose dans l'ordre suivant.

Osée — VIIIe siècle. — Il a laissé des prophéties se rapportant principalement au royaume d'Israël. Ce sont des menaces, des exhortations et des promesses.

Joël — IXe siècle. — Il est antérieur à Osée. Ses oracles prononcés sous le règne de Joas (de Juda) sont une invitation au repentir adressée à la nation, avec quelques prédictions concernant la fin des temps.

Amos — VIIIe siècle. — Il a prophétisé sous Jéroboam II d'Israël et sous Ozias de Juda.

Abdias — IXe siècle. — Il vivait dès avant Joël, sous Joram, roi de Jérusalem. Nous n'avons de lui que quelques versets.

Abdias et Amos s'adressèrent au peuple théocratique le menaçant et le consolant tour à tour. Ils prédirent aussi de terribles châtiments aux peuples voisins.

Jonas — fin du IXe siècle et commencement du VIIIe — contemporain de Jéroboam II d'Israël, a composé plutôt une histoire qu'une prophétie, pour raconter sa mission à Ninive, et les menaces non suivies d'effet qu'il fulmina sur l'ordre du ciel contre la grande cité. Jésus-Christ appelle Jonas « prophète » et le miracle de sa délivrance un « signe (2) ». Ce fait était en réalité une prophétie symbolique de la résurrection du Sauveur.

Michée — VIIIe siècle. — Il a écrit des oracles contre Israël et Juda. Mais il leur fait aussi de magnifiques promesses. C'est lui qui a nommé le premier Béthléem, comme devant être le berceau du Messie.

Nahum — VIIe siècle. — Il a laissé une assez courte mais très belle prophétie contre Ninive.

(1) Cf. Josèphe, *Cont. Apion.*, I, 1 ; *Antiq. jud.*, X, 11, 7.
(2) Cf. *Luc.*, XI, 29.

Habacuc — dans le même siècle — prophétisa contre Israël et contre les Chaldéens. Ses oracles sont des chefs-d'œuvre de haute poésie.

Sophonie — contemporain du précédent — est par excellence le prophète des jugements de Jéhovah.

Restent Aggée, Zacharie et Malachie. Ils appartiennent à la période qui suivit la captivité de Babylone.

Le premier — VIe siècle — a écrit ses exhortations au peuple théocratique pour l'inviter à reconstruire le temple et à rétablir la religion. Nous lui devons l'oracle fameux annonçant que le Messie viendrait bientôt honorer de sa présence les parvis du second temple.

Le deuxième — contemporain d'Aggée — a décrit sous la forme de visions symboliques les destinées futures du peuple de Dieu.

Le troisième — Ve siècle — fut suscité pour reprocher aux Juifs leur infidélité et leurs murmures envers Jéhovah. Avec Malachie, l'ère des prophéties est close ; elle embrasse un cycle d'environ 450 années.

PREMIÈRE PARTIE

La Bible chez les Juifs avant Jésus-Christ.

CHAPITRE PREMIER

LA BIBLE DE MOÏSE ET DES PROPHÈTES

Les origines de la Bible juive datent de Moïse. Moïse fut le premier des écrivains inspirés. Plus tard les prophètes, inspirés aussi, accrurent le recueil sacré de livres nouveaux. Lors de la captivité de Babylone, le peuple juif possédait déjà nombre d'écrits divins qui le consolèrent dans les longs jours de l'exil.

Racontons d'abord les *origines* de la Bible.

§ I. — L'art d'écrire chez les Hébreux.

Aujourd'hui beaucoup de critiques pensent que pour l'art d'écrire les enfants d'Abraham demeurèrent très en retard sur leurs contemporains. Alors que depuis longtemps les Chaldéens et les Egyptiens se servaient de l'écriture, les Hébreux ne la connaissaient point encore. Malgré leur séjour en Egypte et le contact qu'ils eurent avec les lettrés et les *sôterim* (ou scribes), ils n'apprirent rien. « L'Israélite, dit Renan, vit l'Egypte comme l'Arabe musulman voit les pays païens, uniquement par le dehors, n'apercevant que les surfaces et les apparences (1).» Hartmann, Gésénius de Wette enseignent même que les Hébreux ne connurent l'art d'écrire qu'au temps des Juges. Renan va plus loin. « L'écriture en Israël serait, d'après lui, postérieure à Moïse et à Josué de 300 ou 400 ans (2) ».

Rien de plus faux que ces assertions. Ce qui est probable au contraire c'est que même avant l'exode les patriarches et leurs descendants étaient familiarisés avec l'écriture. Les relations étroites qui existèrent de tout temps entre les Hébreux, les Chananéens et les Phéniciens nous autorisent à le penser. Abraham ne vint-il pas d'un pays où l'écriture était en usage depuis de longs siècles ? En Chanaan où il arriva, l'écriture était également répandue. Comment le patriarche et ses fils, mêlés si intimement aux tribus voisines (*Gen*, XLIX, 13), n'auraient-ils point été initiés au secret de leur alphabet ? Les relations commerciales qu'ils avaient avec les peuples du littoral méditerranéen l'exigeaient en quelque sorte, car les marchands de Tyr et de Sidon employaient l'écriture pour tenir leurs livres de compte. Comment les Abrahamides ne les auraient-ils pas imités ? Aussi, de savants critiques modernes ne font point difficulté de reconnaître que « les Hébreux écrivirent de fort bonne heure, peut-être même dès l'origine. Ce qui justifie le nom de *peuple du livre* que l'antiquité a donné au peuple juif (3) ».

Certainement, au siècle de Moïse les enfants d'Israël connaissaient et employaient l'écriture alphabétique. Maints passages des quatre derniers livres du Pentateuque l'attestent.

Dans l'*Exode*, XVII, 14, nous lisons que Moïse reçut du ciel l'ordre de garder *par écrit* le récit de la ba-

(1) *Histoire du peuple d'Israël*, t. I, pp. 143, 144.

(2) *Ibid.*, p. 181, note 3.

(3) PH. BERGER, *Histoire de l'écriture dans l'antiquité*, p. 138.

taille d'Amalec ; — plus loin, xxiv, 4,7, qu'il *mit par écrit* les « paroles de Jéhovah », qu'il *rédigea* le livre de l'alliance ; — ailleurs xxxiv, 28, qu'il *écrivit* la loi sur de nouvelles tables de pierre, après que les premières *gravées* par Dieu, ou par l'ange de Dieu, eurent été brisées (1). — Dans les *Nombres*, v, 23, nous lisons que les prêtres se servaient de *caractères* pour *écrire* les malédictions qu'on effaçait ensuite avec l'eau destinée à la femme suspecte d'adultère. — Dans le *Deutéronome*, vi, 9 ; xi, 20, nous lisons que le peuple savait aussi *écrire*, car l'ordre était donné aux Israélites de marquer sur leurs portes la formule : « Ecoute Israël... (2) .» Plus loin xxxi, 9, nous lisons encore que le mari, lorsqu'il voulait répudier sa femme, devait *écrire* l'acte de divorce (3). Pour Josué, au temps des Juges, et plus tard sous Samuel, l'art d'écrire se généralisa encore. A partir de cette époque l'écriture devint d'un usage courant. David et ses successeurs avaient auprès d'eux un *mazkir*, sorte de secrétaire d'Etat, chargé de rédiger et de conserver les actes publics. Salomon fit tenir régulièrement les annales de son royaume. Ses successeurs l'imitèrent.

Quant à la forme de l'écriture primitive des Hébreux, nous ne la connaissons pas au juste. Il est très probable qu'Abraham, à son arrivée dans la terre promise, adopta l'écriture phénicienne, beaucoup plus simple que celle de la Chaldée (cunéiforme), beaucoup plus apte surtout à rendre les articulations propres à sa langue. Mais le fait de cette substitution, si vraisemblable soit-il, n'est pas démontré. Ce qui paraît sûr, c'est que Moïse se servit des caractères phéniciens. Les auteurs bibliques jusqu'à la captivité firent de même.

(1) Comp. *Nomb.*, xvii, 17, 18 ; xxxiii, 2 ; *Deut.*, xxxi, 9, 22, 24.

(2) Comp. *Deut.*, vi, 4, 5.

(3) Voir Vigouroux, *La Bible et les découvertes modernes*, t. II, p. 539, 5e édit.

On écrivait sur des papyrus et sur des peaux préparées à cet effet (appelées plus tard *pergamènes*). Le scribe se servait du *kalam*, sorte de roseau taillé retenant une certaine quantité d'encre ; il le trempait dans le *keset* (*hassopher*), puis il « roulait » les bandes de papyrus ou de parchemin écrites seulement d'un côté. De là le nom de *meghillah*, *rouleau*, donné aux saints livres, et l'expression *rouler*, *dérouler* un livre pour le fermer ou pour l'ouvrir. Les Hébreux surent aussi écrire sur des plaques de métal (*Exod.*, XXVIII, 36) et sur des tablettes de bois (*Ezech.*, XXXVII, 16). Ecrivirent-ils sur des briques d'argile, comme les Assyriens et les Chaldéens, nous l'ignorons ; ce qui est certain, c'est qu'ils gravèrent des textes et des inscriptions sur la pierre (cf. *Exod.*, XXXI, 18 ; XXXIV, 28 ; *Deut.*, XXVIII, 8 ; *Jos.*, VIII, 32). Job (XIX, 24) nous apprend comment on s'y prenait. Les caractères étaient creusés dans la pierre d'abord ; puis l'on versait du plomb fondu dans les cavités, afin que le métal rendît les lettres plus visibles et les préservât des altérations de l'air.

A l'origine, les scribes hébreux ne séparant pas les mots, l'écriture était continue. Ainsi dut écrire Moïse. Mais déjà, au IXe siècle, les mots étaient distingués par un point et les phrases par un trait vertical. Il en fut de même, selon toute probabilité, dans la plupart des livres sacrés d'Israël avant l'exil.

§ II. — Premières collections de livres sacrés en Israël.

Les premiers vestiges d'une collection d'écrits sacrés chez les Juifs remontent au temps de Moïse. Quelques versets du Deutéronome renseignent à cet égard, savoir dans le chapitre XXXI, les ỳ.ỳ. 9, 10-13, 24-26. De ces passages il résulte que Moïse avait écrit la *Loi* et qu'il en confia le texte à garder aux prêtres fils de Lévi. Ceux-ci devaient tous les sept ans faire lecture de cette *Loi* au peuple. Quant au « rouleau » sacré, il leur était enjoint expressément de le placer dans l'arche d'alliance.

Or, le fait de confier le volume de la *Loi* aux enfants de Lévi, et l'ordre à eux de le déposer aux côtés de l'arche révèlent assez que Moïse regardait ce livre et voulait qu'on le regardât comme un recueil, une collection authentique d'écrits inspirés. Ce recueil, ou *meghillah*, devenait le *sepher* par excellence. Eichhorn à ce sujet observe justement que « la coutume s'était établie dans l'antiquité de mettre dans un lieu saint et pour ainsi dire à la garde des dieux... toutes les productions littéraires qu'on attribuait à l'inspiration divine. Cela se pratiquait surtout dans les pays où les prêtres étaient possesseurs et dépositaires-nés de toute science, tels que les Phéniciens, les Egyptiens, les Chaldéens (1). » On ne s'étonnera pas qu'il en ait été de même chez les Hébreux dès le commencement, car ce peuple, plus qu'aucun autre, entoura toujours ses livres sacrés de vénération et de respect.

Il est remarquable encore que Moïse ait prescrit de faire lire tous les sept ans la *Loi* au peuple. Cette ordonnance est significative et prouve que dans la pensée du grand législateur le « rouleau » sacré renfermait pour Israël la règle de la foi : *ut audientes discant*, et la règle des mœurs : *et timeant Dominum... custodiant, impleantque omnes sermones legis hujus.*

Quelle était l'étendue de cette première collection mosaïque ? Il est difficile de le dire. Comprenait elle le Pentateuque tout entier, ou seulement certaines parties de la législation hébraïque ? Pour répondre, il faudrait avoir des données précises et définitives sur les origines et la composition du Pentateuque. Or, à l'heure qu'il est, ce grave problème de critique littéraire est loin d'être résolu (2). On peut même dire

(1) *Einleitung*, t. I, § 3.

(2) Cf. Després, *Opinions catholiques sur le Pentateuque*, dans la *Revue du clergé français*, t. XVII, pp. 526, sqq.

qu'il s'embrouille de plus en plus, et les limites de ce travail ne nous permettent ni de l'exposer ni de le discuter. Retenons cependant que l'auteur du *Deutéronome*, quel qu'il soit, atteste positivement (xxxi, 24-26) que Moïse *scripsit verba legis hujus in volumine*, et que ce *volumen* fut déposé près de l'arche. Nombre de critiques catholiques — et des meilleurs (1) — enseignent que le Pentateuque est entièrement l'œuvre de Moïse. Ce fut en tout cas le premier recueil de littérature inspirée que les Hébreux possédèrent, et le noyau de la Bible juive.

Depuis Moïse jusqu'au schisme ce noyau primitif alla se développant. La Bible d'Israël dut s'accroître des livres nouveaux qui paraissaient et qu'on regardait déjà, *en fait sinon en droit*, comme divins et canoniques. Deux faits certains jettent, selon nous, quelque lumière sur cette période obscure de l'histoire des saints livres.

C'est d'abord que les Samaritains, au moment où ils s'organisèrent en secte dissidente, vers l'époque de Néhémie, ne voulurent garder que le Pentateuque avec un livre de *Josué*, sorte de remaniement du *Josué* actuel. Mais un autre fait à rappeler pourtant, c'est que l'inspiration ne cessa point en Israël pendant cette longue période d'avant l'exil ; les écrivains sacrés y surgirent nombreux. Comment dès lors expliquer la présence du seul Pentateuque dans la Bible juive à une époque où d'autres écrits existaient sûrement déjà et auraient dû lui être adjoints ? La vérité, croyons-nous, est que le recueil mosaïque ne s'accrut d'aucun livre qu'on pût mettre, *en vertu d'une décision générale ou officielle* quelconque, sur le même pied que les livres de la *Thorah*. Aux yeux des enfants d'Israël, la *Loi* demeura toujours, avant comme après la captivité, le livre inspiré par excellence (*hassepher*). Les autres livres, parus ultérieurement, ne furent réunis à la *Loi*, que

(1) CORNELY, par exemple, *Introd. generalis*, pp. 40-41.

parce qu'ils participaient à son esprit, à sa dignité, et qu'ils étaient propres à la mieux faire connaître et pratiquer. Néanmoins, grâce aux lumières des prophètes et des hommes investis d'une mission divine, plusieurs collections *particulières* et *partielles* d'écrits sacrés vinrent s'ajouter à la collection primitive. Donc à mesure qu'ils paraissaient, les livres inspirés furent reconnus comme tels et distingués des autres, — sinon placés déjà eux aussi « à côté » du Pentateuque.

Ces collections particulières renfermaient vraisemblablement des *psaumes*, des *proverbes*, les premiers livres historiques et peut être *Job*. On explique par là comment les œuvres des prophètes antérieurs à l'exil offrent de si nombreuses références à tous ces livres. Quant aux oracles mêmes des prophètes, ils restaient aux mains de leurs disciples qui les étudiaient, et nous les ont conservés (1). Ainsi les prophètes purent se faire mutuellement des emprunts. Joël, par exemple, cite Abdias ; Osée cite Amos ; Isaïe cite Joël et Amos ; Nahum, Sophonie, Habacuc, citent Isaïe ; Jérémie emprunte maintes expressions à ses devanciers.

La Bible, depuis Moïse jusqu'à la captivité, s'est donc constituée graduellement, mais elle ne présentait pas encore, même pour tous les livres alors parus, un cadre arrêté, définitif. En fait il existait des collections privées ; quant au recueil ou au canon *officiel* d'Israël, il se limitait à peu près à la *Thorah* (2).

C'est aussi le texte de la *Thorah* qui subit le moins d'altérations et de retouches pendant la période antérieure à l'exil. On a prétendu que la Bible juive, ayant été inspirée, dût être, par une protection spéciale de l'Esprit-Saint, à l'abri des injures des siècles, et qu'elle fut transmise de générations à générations dans un état de parfaite intégrité. Ces assertions sont exagérées. Quelle est la littérature manuscrite qui soit à

(1) Loisy, *Histoire du Canon de l'Anc. Test.*, p. 36.
(2) Voir nos *Leçons d'introduction générale*, pp. 85-86.

l'abri des accidents de transcription ? Il est impossible que des copistes par inadvertance, par ignorance, ou par suite de la mauvaise condition des manuscrits qu'ils reproduisent, ne tombent pas dans quelques méprises ou quelques fautes. Toutefois les altérations du texte sacré antérieur à l'exil n'atteignirent point la substance des doctrines ni des faits. Ce qui le montre, c'est l'entière conformité, dans tout ce qui est *essentiel*, des textes samaritain et hébraïque, « qu'il faut regarder comme deux copies d'un même original (1). » Les divergences qu'on y trouve ne portent guère que sur des détails d'orthographe, de chronologie ou d'ordre littéraire (2). Bellarmin a donc eu raison de dire que Dieu devait à son honneur de protéger « sa parole » contre toute interpolation grave qui l'eût faussée et travestie (3).

CHAPITRE II

LA BIBLE JUIVE DEPUIS L'EXIL JUSQU'À JÉSUS-CHRIST

§ I. — La Bible d'Esdras et de Néhémie.

Quand l'heure fixée par la Providence pour la délivrance d'Israël eut sonné, les tribus captives rentrèrent de Babylone en Palestine et revinrent à Jérusalem (4). Les années qui suivirent furent une époque

(1) Richard Simon, *Histoire critique*, pp. 65, 73.
(2) Cf. Fabricy, *Des titres primitifs de la révélation*, t. I. pp. 399, suiv.
(3) *De verbo Dei*, II, 2.
(4) Nombre d'Israélites cependant préférèrent se fixer à l'étranger, comme nous le dirons plus loin.

de restauration générale. Les Juifs travaillèrent ferme à relever les murailles du temple et de la cité. Ceux qui les dirigeaient, Zorobabel, Esdras, Néhémie, s'appliquèrent à réformer les abus, et déployèrent un zèle ardent pour faire observer les préceptes de Moïse. La *Loi* et les saints livres ne pouvaient pas être oubliés. La restauration de la Bible s'imposait aussi nécessairement que la restauration de la patrie. Il fallait recueillir, reviser tous les écrits sacrés, dispersés pendant l'exil et dont on avait pu altérer le texte par des transcriptions multiples.

Plus que personne Esdras avait qualité pour faire ce travail, car l'Ecriture l'appelle *scriba velox in legeMoysi, eruditus in sermonibus et præceptis Domini et cæremoniis ejus in Israel* (I *Esd.*, VII, 6, 11). La tradition juive a toujours cru qu'au Ve siècle Esdras sanctionna et promulgua officiellement la Bible composée de tous les livres parus depuis Moïse. Nous trouvons des vestiges de cette tradition dans le Talmud, où les rabbins se plaisent à établir un parallèle entre Moïse et Esdras. Ils appellent ce dernier le *restaurateur des lois*, le *père d'Israël*, le *maître de la science*. D'aucuns vont jusqu'à prétendre que si Jéhovah n'avait pas confié la *Loi* à Moïse, il aurait certainement pris Esdras pour son législateur, etc. Un passage du traité *Baba bathra* est très significatif là-dessus. Il y est dit : « Nos docteurs ont transmis cet enseignement... Ezéchias et son collège *écrivirent* (plutôt transcrivirent, partant éditèrent ; cf. Wogué, *op. cit.*, p. 19) *Isaïe* et *Proverbes*. Les hommes de la grande Synagogue *écrivirent Ezéchiel*, les *Douze*, *Daniel* et le rouleau d'*Esther*. Esdras *écrivit* son livre et continua les généalogies des *Paralipomènes* jusqu'à son temps (1). » Sans admettre absolument les détails de cette péricope talmudique, nous devons reconnaître que tout n'y est pas faux. Ce qu'on y dit de la collection des *Proverbes* par les théologiens d'Ezéchias est conforme

(1) *Baba bathra*, fol. 14, 15.

à *Prov.*, XXV, 1. Il n'est donc pas inadmissible qu'Esdras ait complété réellement le recueil des saints livres en ajoutant ses propres récits à la collection de ceux qui existaient déjà.

On a prétendu que la littérature sacrée des Juifs avait péri dans l'incendie du temple ou pendant la captivité de Babylone. Esdras par conséquent aurait dû recomposer, à l'aide d'une inspiration spéciale d'en haut, tous les livres antérieurs à lui. Ces assertions sont dénuées de preuves. Selon nous, Esdras se contenta de recueillir tous les saints livres qui existaient de son temps, de comparer les manuscrits, et d'en restituer le texte aussi exactement que possible (1).

Esdras, du reste, ne travailla pas seul ; il eut pour collaborateur Néhémie son contemporain, car nous lisons dans II *Mach*, II, 13 que Néhémie construisit une bibliothèque où il rassembla (ἐπισυνήγαγε) les *écrits sur les rois*, *les Prophètes*, les (psaumes) de *David* et les *lettres des rois*. Or les *écrits sur les rois*, τὰ περὶ τῶν βασιλέων représentent sûrement ici les *prophetæ priores* de la Bible juive. Les *écrits sur les prophètes*, τὰ τῶν προφητῶν, doivent représenter les *prophetæ posteriores*. Enfin les (psaumes) *de David*, τὰ τοῦ Δαυίδ, et les *lettres des rois*, ἐπίστολὰς βασιλέων, désignent par leurs parties les plus importantes le psautier et les livres d'*Esdras-Néhémie* (2).

La Bible d'Esdras et de Néhémie (ve siècle av. J.-C.) formait donc déjà une collection assez arrêtée chez les Juifs. Outre le *Pentateuque* et *Josué* elle contenait tous les livres de l'Ancien Testament composés jusque-là, y compris, croit-on, *Tobie* et *Judith*, qu'on retrancha plus tard pour des raisons particulières.

Les oracles des prophètes contemporains, — Aggée, Zacharie et Malachie, — s'y trouvaient également.

(1) WOGUÉ, *op. cit.*, p. 93.
(2) Cf. I *Esdr.*, VI, 2-12 ; VII, 11-26 ; I *Esdr.*, II, 7.

Le recueil, pour être formé déjà, n'était pas clos. Les talmudistes affirment pourtant le contraire, et quelques Pères, en particulier saint Jérôme, sont de leur avis, mais ce sentiment ne doit pas être adopté. Le souffle prophétique ne s'éteignit point complètement chez les Juifs pendant la durée du second temple. On trouve toujours à cette époque des prophètes et des écrivains sacrés : tels l'auteur de la *Sagesse*, l'auteur de l'*Ecclésiastique*, les auteurs des deux livres des *Machabées*. Leurs œuvres méritaient d'être insérées dans la collection inspirée ; elles le furent effectivement, — comme nous le verrons, — dans la Bible d'Alexandrie, mais les palestiniens ne crurent pas devoir les admettre.

Après l'exil, la Bible d'Esdras et de Néhémie fut gardée par les enfants d'Israël avec un religieux respect. Les simples fidèles possédaient au moins un exemplaire de la *Loi*. Il est raconté dans I *Mach.*, I, 59, qu'Antiochus Epiphane ordonna de rechercher ces exemplaires et de les détruire. Judas Machabée mit tous ses soins à recueillir les livres égarés pendant la guerre (cf. II *Mach.*, II, 14). Enfin rappelons qu'une légion de scribes (*sôpherim*) continuèrent, depuis Esdras jusqu'à Siméon le Juste (1), de reviser le texte des Ecritures, cherchant déjà à le fixer d'une manière définitive et uniforme. L'autorité de ces savants fut grande en Israël. « On les considère, comme intermédiaires tant par l'autorité que dans l'ordre chronologique, entre les prophètes et les docteurs proprement dits (2). » Après eux vinrent les *tannaïtes*. Nous en parlerons plus loin.

§ II. — La Bible grecque des Septante.

Après la captivité et surtout après les conquêtes

(1) C'est-à-dire vers 291 ou 199 av. J.-C., suivant qu'on regarde Siméon le Juste comme le fils d'Onias I, ou d'Onias II.
(2) Wogué.

d'Alexandre le Grand, la famille d'Israël fut divisée en deux rameaux : les Juifs hellénistes et les Juifs palestiniens. Ceux-ci parlaient l'hébreu ou le syrochaldaïque, et habitaient la Palestine ; ceux-là parlaient un grec mêlé d'hébraïsmes, et vivaient disséminés à travers le monde romain, notamment à Alexandrie où ils avaient un temple et une colonie florissante.

Or, ces Juifs d'Egypte possédaient une Bible à eux. On la désigne sous le nom de version des Septante, ἡ τῶν ἑβδομήκοντα γραφή, ou simplement οἱ τῶν ό (1). Les livres qu'elle renferme sont une traduction grecque des livres de la Bible hébraïque. Cette version fut faite à Alexandrie, d'où le nom de version Alexandrine qu'on lui donne souvent.

Les origines de la Bible des Septante sont enveloppées d'obscurités et de légendes. Voici les principaux renseignements de la tradition à cet égard.

Démétrius de Phalère, bibliothécaire du roi d'Alexandrie, Ptolémée II Philadelphe (284-247), ayant conseillé à son maitre de faire traduire en grec les livres de Moïse, le prince, après avoir rendu à la liberté cent mille Juifs que son père (Ptolémée Lagus) avait emmenés captifs, dépêcha Aristée à Jérusalem vers le grand-prêtre Eléazar, pour lui demander des interprètes. Soixante-douze traducteurs — six par tribus — furent envoyés avec un exemplaire de la *Loi*. Arrivés en Egypte, ces Juifs furent cordialement reçus par le roi. Ils se retirèrent dans l'île de Pharos, où on leur avait préparé soixante-douze cellules. Là ils traduisirent chacun séparément un fragment du Pentateuque. Le soir venu, ils se réunissaient pour fixer ensemble la rédaction définitive, et chaque fois il se trouva que tous avaient

(1) Si l'on en croit Richard Simon, la version des *Septante* serait ainsi appelée parce qu'elle aurait été approuvée par les « septante Juges », membres du Sanhédrin de Jérusalem ou d'Alexandrie, au jugement de qui les traducteurs soumirent, croit-on, leur travail. Cette opinion du savant critique ne trouve guère de crédit.

traduit exactement et de la même manière. Soixante-douze jours suffirent à ce travail. Il était si parfait qu'on le proclama l'œuvre de l'Esprit-Saint (1).

Ce sont là des détails pour la plupart légendaires. Nous ne pouvons guère retenir que ce qui concerne l'époque et le lieu où la version fut composée. — Sur le premier point, les critiques s'entendent assez et fixent la date de la traduction dans la première moitié du 3e siècle av. J.-C. A Démétrius de Phalère, en effet, revient l'honneur d'avoir songé le premier à traduire le Pentateuque hébreu. Or ce Démétrius, athénien exilé en Egypte, vivait sous Ptolémée Lagus (mort en 285) et au commencement du règne de son successeur, Ptolémée Philadelphe (285-247). Ce serait donc dans les premières années de ce prince — sinon même plus tôt, vers la fin du règne précédent — que la célèbre version aurait été entreprise, pour la partie du Pentateuque. Elle fut continuée plus tard, à différentes époques et par différents traducteurs, et dut être terminée, sinon totalement, au moins pour le plus grand nombre des livres, vers l'an 130 avant J.-C.

Nous savons qu'elle fut faite en majeure partie à Alexandrie ou sûrement en Egypte. Les traditions l'affirment et les particularités du style nous autorisent à le penser.

Dès son apparition, la version des Septante a joui d'un immense crédit chez les Juifs hellénistes. Ils la substituèrent au texte original et la lurent à la synagogue après le texte hébreu ; bref, elle devint leur *Bible*.

Chez les Juifs de Palestine, la version grecque fut aussi en honneur, mais il ne paraît pas qu'on s'en soit servi pour les lectures publiques, sauf assez tard et dans quelques synagogues de Jérusalem, — dans celles des Cyrénéens, des Alexandrins. On la connaissait bien pourtant, et beaucoup devaient la lire, en particulier Josèphe

(1) Aristée, Philon, Josèphe, s. Justin, *passim*.

au Ier siècle, employait volontiers les Septante de préférence à l'hébreu, et les apôtres ont souvent cité l'Ancien Testament d'après cette version, même dans les passages où elle se sépare de l'original.

Les livres de la Bible grecque étaient plus nombreux que ceux de la Bible hébraïque. On ne les disposait pas dans le même ordre. Nous en avons dressé la liste ailleurs (1). Ces divergences entre les deux Bibles constituent un problème de critique dont il sera dit quelques mots plus loin.

§ III. — La Bible hébraïque au Ier siècle avant Jésus-Christ.

On sait, grâce à l'historien Josèphe, quelle était la Bible hébraïque (synagogue de Jérusalem) au premier siècle avant Jésus-Christ. « Chez nous, dit Josèphe, il existe seulement vingt-deux livres qui embrassent l'histoire de la nation et qui sont justement regardés comme divins. Cinq sont de Moïse (ὁ νόμος) ; ils renferment les lois et le récit des événements accomplis depuis la création de l'homme jusqu'à la mort du législateur des Hébreux... Depuis la mort de Moïse jusqu'au règne d'Artaxercès, qui gouverna les Perses après Xerxès, les prophètes racontèrent en treize livres (βίβλια τῶν προφήτων) les faits qui se passèrent de leur temps. Les quatre autres livres (τὰ λοιπὰ τῶν βιβλίων) contiennent des hymnes en l'honneur de Dieu et des préceptes très utiles pour la vie humaine (2). »

On trouvera plus haut la liste et le groupement des Écritures juives d'après Josèphe (3). A sa collection manquent six livres entiers que renfermait la Bible grecque, savoir, la *Sagesse* (Σοφια Σαλωμων), l'*Ecclésiastique* (Σοφια Σειραχ), *Tobie*, *Judith*, 1e et 2e des *Machabées*

(1) Voir plus haut, p p. 6, 7.
(2) *Cont. Apion.*, I, 8.
(3) Voir p. 7.

Le célèbre historien n'ignorait pourtant pas l'existence de ces écrits, mais selon lui tous les livres composés après le règne d'Artaxercès n'*étaient point jugés dignes du même crédit* que les livres antérieurs. Aussi les distingua-t il de ces derniers et, *avec une réserve extrême*, il les plaça à part.

Que signifie cette réserve? Josèphe a-t-il voulu insinuer que les livres parus depuis Artaxercès étaient rejetés par la masse de la nation et par les docteurs d'Israël? Non sûrement, car il affirme au contraire que le peuple « ajoutait foi à ces écrits » et leur reconnaissait un « crédit » véritable, moindre pourtant qu'aux écrits composés plus tôt ». A mesure donc qu'ils paraissaient, les livres de la dernière période littéraire juive durent être acceptés par tous et regardés comme sacrés. C'est l'opinion de critiques distingués, confirmée d'ailleurs par les faits.

Mais alors pourquoi Josèphe ne comptait-il que *vingt-deux* livres? Pourquoi la *Sagesse*, l'*Ecclésiastique*, *Tobie*, *Judith* et les *deux Machabées* n'eurent-ils point les honneurs de sa collection et demeurèrent-ils exclus de la Bible officielle de la synagogue?

Selon nous, les susceptibilités du rabbinisme pharisien expliquent ces procédés d'ostracisme. D'abord l'exclusion par Josèphe des livres précités ne surprendra personne, car l'auteur des *Antiquités juives* se glorifiait d'appartenir au pharisaïsme, école où il fut formé « dès sa dix-neuvième année (1) ». Il dut suivre par conséquent — mais non sans y mettre de la réserve et une hésitation visible — les préjugés de sa secte. Quant à la synagogue jérosolymitaine, au 1er siècle, on sait quelle prépondérance le pharisaïsme exerçait sur son enseignement et sur ses docteurs. Les pharisiens d'alors prétendaient diriger le mouvement religieux de l'époque; ils prêchaient les foules, fondaient des écoles, disputaient sur la *Loi* et l'expliquaient par

(1) JOSÈPHE, *Vita*, 2.

« les traditions ». On peut lire dans Stapfer, Cohen et Montet (1) de très curieuses pages là-dessus.

Or, il est avéré que pour les tenants du pharisaïsme toute la période de la dynastie asmonéenne (164-40 av. J.-C.) était un objet de haine et de mépris. Le silence que le Talmud gardera plus tard sur cette époque est très significatif. Sans doute cet ostracisme était ridicule, antinational; il s'explique cependant par plusieurs causes historiques indéniables et qu'il serait trop long d'énumérer ici (2).

On ne peut donc guère douter que ce furent les pharisiens de Jérusalem qui firent « cacher » (3) la littérature juive, grecque ou hébraïque, datant de la période asmonéenne. Et afin de dissimuler mieux ce parti pris, ils exigèrent quatre conditions pour la canonicité d'un livre biblique : *une haute antiquité*, une étroite *conformité* du livre *à la Loi*, la *composition* et la *conservation* du livre en *hébreu*. Sur ce dernier point, le pharisaïsme se montrait intransigeant, car il avait la haine de l'hellénisme.

Conséquemment le 1er et le 2e *des Machabées* se trouvaient exclus de la Bible jérosolymitaine, parce qu'ils ne réalisaient point les conditions ci-dessus énoncées. Sans doute le premier livre était bien né dans le judaïsme, comme s'exprime Wogué, mais il n'avait pas été *conservé* dans son texte primitif; dès lors il ne présentait plus une autorité irréfragable. — La *Sagesse* fut éliminée aussi, surtout parce qu'elle était rédigée en grec. — L'*Ecclésiastique* avait été composé en hébreu, mais son origine (IIe siècle av. J.-C.) était trop récente.

(1) Stapfer, *La Palestine au temps de J.-C.*; Montet *Essai sur l'origine des partis pharisien et saducéen*; Cohen, *Les Pharisiens*.

(2) Voir nos *Leçons d'introduction générale*, pp. 97-98.

(3) C'était l'expression consacrée quand les Juifs voulaient signifier qu'un livre ne devait pas servir à l'usage liturgique, ou ne faisait point partie de la Bible officielle de la synagogue.

D'ailleurs la plupart de ses doctrines ne cadraient guère avec les minuties et subtilités des pharisiens. — Quant à *Judith*, « c'est un livre plein d'invraisemblances et d'erreurs, ne s'adaptant à aucune époque de l'histoire juive (1) » On en fit un apocryphe du dernier ordre. — Le livre de *Tobie* avait le tort d'être écrit en chaldéen, et « sous une inspiration inférieure ». — Quelques fragments d'*Esther* (x,4-xvi, 24) furent également retranchés parce qu'ils avaient été remaniés, et n'existaient plus sous leur forme primitive. — Enfin des fragments de *Daniel* se trouvèrent exclus, comme n'étant point assez conformes à la *Loi*; ce qu'on prétend être vrai surtout de l'histoire de Suzanne, « qui fourmille d'invraisemblances et ne fut jamais écrite en langue biblique (2) ».

Remarquons que cette élimination, pour certains livres, ne se fit pas tout d'un coup sous l'influence des doctrines pharisiennes. On commença par les « cacher », c'est-à-dire par les soustraire au service liturgique des synagogues. Détournés ainsi de la lecture publique, les livres tombaient peu à peu dans l'oubli. Au temps de Josèphe, le silence n'était pas fait complètement sur eux ; on se disputait encore dans les écoles au sujet de leur autorité canonique, mais cela suffisait déjà pour que la Bible officielle du temps ne les renfermât point. L'exclusion définitive ne paraît pas avoir été arrêtée avant le synode de Jamnia qui se tint vers l'an 90 après J.-C.

Rappelons enfin que, durant la période postérieure à l'exil, l'antique écriture phénicienne dont on s'était servi jusque-là pour la Bible hébraïque fut toute transformée. Voici comment ce changement s'opéra. Pendant et après la captivité de Babylone, l'influence de la langue araméenne s'exerça sur l'idiome et sur l'alphabet des Juifs. Il arriva que, peu à peu, presque in-

(1) Wogué, *op. cit.*, p, 13.
(2) Wogué, *op. cit.*, p. 78.

sensiblement, aux caractères phéniciens se substituèrent les caractères araméens, dits *carrés*, de l'époque perse. Avec les documents épigraphiques que nous possédons, on peut facilement suivre cette transformation graduelle (1). Toutefois la substitution de l'écriture araméenne, pour la plupart des usages sacrés et profanes, ne dut être un fait accompli que vers la fin du IIe siècle ou même seulement au Ier siècle avant Jésus-Christ.

§ IV. — La Bible grecque des synagogues hellénistes (Alexandrie) au Ier siècle avant Jésus-Christ.

La Bible des synagogues hellénistes, au Ier siècle av. J.-C., contenait tous les livres de la version des Septante. Elle présentait une assez notable différence avec la Bible hébraïque de la même époque. Ce qui a donné lieu à toutes sortes d'hypothèses. « Les protestants ont essayé de prouver que les Juifs hellénistes, tout en se servant des livres en question, ne les regardaient pas comme canoniques, ni même comme inspirés. Plusieurs catholiques ont soutenu, au contraire, qu'il avait existé un canon d'Alexandrie plus riche que le canon hébreu ; quelques-uns même ont voulu démontrer que ce canon plus ample avait été à un moment donné, vers le commencement de notre ère, celui de tous les Juifs (2) ».

Mais la solution du problème doit être cherchée ailleurs. Selon nous, les conditions différentes des Juifs de Jérusalem et d'Alexandrie suffisent pour expliquer comment les uns n'admirent pas et les autres admirent des livres auxquels tous d'ailleurs reconnaissaient un caractère sacré. Josèphe (*Cont. Apion.*, I, 7) affirme positivement que l'absence dans la Bible palestinienne de tous les écrits postérieurs au règne d'Artaxercès

(1) Cf. Ph. Berger, *op. cit.*, pp. 213, 220.
(2) Loisy, *Histoire du Canon de l'A. T.*, p. 61.

était motivée « propterea quod minus explorata fuit successio (vel traditio, διαδοχήν) prophetarum ». Or, ces paroles reçoivent des conditions diverses où se trouvaient les Juifs de Palestine et ceux d'Egypte, au point de vue religieux, une lumière qui nous permet de les mieux comprendre.

On sait qu'en Palestine le ministère prophétique avait cessé depuis Malachie. Les hommes suscités d'en haut pour remplir une mission publique devenaient aussi plus rares. C'étaient les scribes, et surtout les scribes pharisiens qui à cette époque régnaient en maîtres de la science à Jérusalem. Ils étaient « assis sur la chaire de Moïse », interprétant la *Loi*, l'entourant d'une « haie » de mille prescriptions soi-disant « traditionnelles », imposant à tous leurs décisions et leurs arrêts. Ils avaient une audace égale à leur étroitesse d'esprit. Plus haut nous avons dit comment ils avaient réussi à ne pas faire admettre certains livres dans la collection *officielle* des Ecritures.

Mais les Juifs hellénistes, notamment ceux d'Alexandrie, échappaient davantage à l'influence pharisienne. Le milieu où ils vivaient les protégeait contre l'exclusivisme des docteurs palestiniens. Ils étaient d'ailleurs familiarisés avec les productions du génie grec. De là, chez eux, un plus grand libéralisme théologique, leur permettant de considérer toutes choses d'un point de vue plus large. On comprend donc qu'ils ne répugnèrent point à insérer dans leur Bible des livres nouveaux, tout en faisant selon toute probabilité des réserves commandées par l'orthodoxie mesquine et ombrageuse de Jérusalem.

Ces réserves portaient justement sur la *canonicité* des parties de la Bible grecque que la Bible hébraïque ne contenait point. On sait que l'inspiration d'un livre est séparable de sa canonicité (1). Théoriquement un écrit pouvait donc être regardé comme ayant une

(1) Voir nos *Leçons d'Introduction générale*, pp. 73, 74.

origine divine et faire l'objet du respect religieux de *chacun* dans la synagogue sans être par là même tenu *officiellement* pour sacré. Or, les Juifs hellénistes, au Ier siècle, ne plaçaient précisément point sur un pied d'égalité absolue tous les livres de leur collection scripturaire ; ils ne leur reconnaissaient point à tous une égale autorité normative et canonique. A t-on jamais lu, en effet, qu'une controverse se soit élevée entre les synagogues d'Egypte et celles de Palestine touchant l'étendue du Canon ? Les relations étaient cependant étroites entre les communautés religieuses de ces deux pays. J'en conclus que le caractère sacré de tous les livres de la Bible grecque était reconnu *en fait* par les Juifs des deux synagogues, mais ni pour les uns ni pour les autres, la canonicité de certains écrits n'était *en droit* décidée. Si donc les Alexandrins insérèrent quand même ces livres dans leur Bible, cela ne signifiait pas que les écrits en question fussent absolument égaux aux autres en autorité canonique. Voilà pourquoi il n'y eut *qu'une seule Bible officielle* pour toutes les synagogues au premier siècle, la Bible palestinienne, « avec une différence de pratique à l'endroit de la littérature religieuse » postérieure aux temps d'Artaxerxès. Jérusalem ne crut pas devoir admettre dans son recueil ces écrits plus récents ; Alexandrie au contraire les admit sans leur attribuer pourtant une pleine canonicité.

CHAPITRE III

L'INTERPRÉTATION DE LA BIBLE CHEZ LES JUIFS AVANT JÉSUS-CHRIST

§ I. — Les interprètes.

Il est incontestable que la connaissance et le ministère de l'interprétation des livres inspirés furent en honneur chez les Juifs dès le commencement.

Les prêtres d'Israël eurent, à l'origine et de par Dieu, grâce et mission pour expliquer la *Loi*, et résoudre les difficultés que son interprétation suscitait. « S'il s'élève quelque controverse, quelque ambiguïté.... pars et monte au lieu que le Seigneur ton Dieu aura choisi. Tu te présenteras aux prêtres de la race de Lévi et au juge qui siégera en ce temps-là, et tu les interrogeras et ils t'indiqueront le jugement vrai. Et tu feras tout ce que te diront ceux qui président au lieu qu'aura choisi le Seigneur..... Et tu suivras leur avis, et tu ne dévieras ni à droite ni à gauche (1). » — « Les prêtres, enfants de Lévi, s'approcheront pour servir Jéhovah, bénir en son nom, et par eux toute affaire sera jugée et tout ce qui est pur ou impur sera décidé (2). » — Ainsi le voulait le Seigneur.

Non seulement les prêtres, mais encore les prophètes eurent pour rôle de rappeler au peuple la *Loi* de Jéhovah et de l'expliquer au besoin. N'étaient-ils pas les gardiens et les défenseurs de la théocratie ? Ils furent suscités dans ce but par Dieu. Aussi maints passages des saints livres nous les montrent exerçant

(1) *Deut.*, XVII, 8-11.
(2) *Ibid.*, XXI, 5.

sur Israël, dans le domaine religieux, une direction prépondérante. On aimait à les consulter, même pour les choses de la vie intime et privée. Ils étaient supérieurs aux prêtres, Chaque fois que ceux-ci s'égaraient dans les exagérations d'un culte trop formaliste, ou s'endormaient dans une coupable négligence, laissant s'éteindre en eux la flamme du zèle, les prophètes arrivaient, réprimaient leurs erreurs, et rappelaient tout le monde au devoir. Du reste, ces hommes, inspirés d'en haut, se plaisaient à citer des textes de leurs devanciers ; souvent leurs oracles n'étaient qu'une sorte de commentaires des doctrines sacrées enseignées avant eux.

N'oublions pas qu'il existait encore, en Israël, des associations dites « écoles des prophètes ». Plus tard on les appela « maisons d'interprétation (1). » Beaucoup pensent que dans ces écoles les esprits d'élite s'initiaient à l'étude plus approfondie de la *Thorah*. Sous les rois surtout, ces « fils » ou « disciples » des prophètes paraissent s'être livrés à l'étude des saintes lettres.

Après l'exil, notamment vers la fin du règne des Asmonéens, les « écoles d'interprétation biblique » prirent chez les Juifs une très grande importance. La voix des prophètes ne retentissait plus ; le sacerdoce tombait peu à peu dans le discrédit. Alors surgirent les scribes (ou *sopherim*), qui succédèrent aux prophètes et aux prêtres. Non seulement ces *sopherim* avaient mission de transcrire sur les rouleaux sacrés le texte de la *Loi*, de veiller à sa conservation, à son intégrité, mais ils devaient encore l'étudier et le commenter.

Les scribes formèrent deux séries : la série des *sopherim* proprement dits, qui enseignèrent depuis Esdras jusqu'au règne d'Antiochus le Grand, et la série des *tannaïtes* ou *schônim*, « les sages », qui tinrent école au

(1) Cf. VITRINGA, *De synagoga vetere*, pp. 350-352.

IIe et au Ier siècle avant notre ère. Leurs interprétations (*halacoth*) furent, en partie, collectionnées plus tard dans la *Mischna*. Quelques-uns de ces *sopherim* sont restés célèbres. On cite surtout Siméon ben Chatah, beau-frère du roi Alexandre Jannée (106-79 av. J.-C.), Schemaïa et Abtalion, surnommés les « explicateurs des choses écrites », « des choses difficiles (1). »

Les derniers *sopherim* sont fréquemment appelés « Docteurs de la Loi ». Bien que leur autorité n'eût aucun caractère officiel comme celle des prêtres, elle était, en réalité, beaucoup plus grande. Ils jouissaient de l'estime universelle. On leur donnait le titre très respecté de *rab* (maître), de *rabbi* (mon maître), de *rabban* (grand maître), de *rabboni* (mon grand maître).

§ II. — Les méthodes d'interprétation.

Nous ne savons guère, par le détail, quelles furent chez les Juifs palestiniens les méthodes d'interprétation de la Bible avant Jésus-Christ. Il y a probabilité qu'elles ne différaient pas essentiellement de celles que suivirent plus tard les talmudistes. Elles se ramenaient sûrement au *péchât* et au *derâsch*.

La méthode appelée *pechât* (פשט) consiste à expliquer le texte sacré à la lettre ; la méthode appelée *derâsch* (דרש) consiste à commenter le texte, de manière à le mettre en harmonie, soit avec la loi *écrite* ou *orale*, soit avec la loi morale, positive ou naturelle. Le *péchât* était surtout la méthode d'exégèse employée pour la *thorah*, et le *derasch* la méthode employée pour l'interprétation des *prophètes* dans les assemblées synagogales.

Wogué explique bien le caractère respectif de ces deux méthodes. « Tantôt l'interprète biblique se pro-

(1) Beaucoup ajoutent sur cette liste les noms de Schammaï et d'Hillel ; nous les retrouverons dans l'histoire de l'exégèse biblique après J.-C.

pose de se rendre à lui-même et de rendre à autrui un compte exact des mots, des phrases et du contexte d'après le sens naturel, et il y parvient d'autant plus sûrement, qu'il possède mieux les règles et l'esprit de la langue sacrée, qu'il connaît plus intimement le théâtre des événements.... les mœurs, us et coutumes de l'Orient ancien et moderne. Tantôt l'interprète de l'Ecriture étant un docteur de la *Loi*, un instituteur religieux, ne se borne pas à cette explication simple... mais il l'approfondit de manière à la mettre en harmonie avec des faits acquis, soit de conscience, soit de tradition religieuse... et sans dédaigner ni exclure le *pêchât*, il prétend s'élever bien au-delà. Ce procédé d'exploitation, ce creusement plus savant du texte s'appelait דרש, « rechercher », « approfondir » ; la méthode était le *derâsch* et le résultat le *midrasch* (1). »

Or, ces interprétations libres, paraphrasées, ou *midraschim*, étaient de deux sortes : la *halakha* ou *midrasch halakhique*, et la *haggada* ou *midrasch haggadique*. La *halakha* porte sur des faits de jurisprudence ou de pratique religieuse, et a pour but de régler les rites et l'exercice extérieur de la religion. La *haggada* porte sur les vérités dogmatiques ou morales et poursuit la sanctification de l'homme intérieur ; c'était l'exégèse morale, préférée surtout des prédicateurs. La *haggada* se donnait principalement dans la synagogue et la *halakha* dans la maison d'école (*Beth ha midrasch*).

On ne peut nier que la méthode d'interprétation midraschique n'ait été pratiquée d'assez bonne heure après l'exil. Nombre de passages ou d'indices, dans les derniers livres de l'Ecriture, l'attestent. Mais de bonne heure des systèmes contradictoires surgirent. Les disciples d'Antigone de Soccho créèrent, ou au moins développèrent un courant qui devait aboutir au saducéisme. D'un autre côté, Joseph ben Jochanam et Nathan d'Arbèle jetèrent dans le peuple des idées qui

(1) *Op. cit.*, p. 167.

plus tard, sous l'influence de Schammaïa et d'Abtalion, assurèrent le triomphe de l'exégèse pharisaïque et rabbinique.

En tout cas, avant Jésus-Christ, les Juifs palestiniens admirent toujours dans leurs Ecritures, outre le sens littéral, des sens mystiques. On en trouvera des exemples dans les écrivains sacrés eux-mêmes et chez les écrivains profanes d'Israël.

Nous connaissons aussi la méthode d'exégèse adoptée par les Juifs hellénistes, dès avant l'ère chrétienne. Ce qui caractérise leur herméneutique, c'est une tendance marquée à expliquer le texte de la Bible dans un sens figuré et symbolique. On admettait bien théoriquement le sens littéral, mais, pratiquement, on lui substituait d'ordinaire l'allégorie.

Les premiers qui usèrent de ce genre d'interprétation à Alexandrie, furent le pseudo-Aristée et Aristobule (IIe s. av. J.-C.). Celui-ci, frappé des rapports que présentait la philosophie grecque avec la révélation mosaïque, chercha à concilier en toutes choses l'une et l'autre, sauf à recourir à l'allégorisme quand la lettre du texte ne se prêtait pas au rapprochement. Ainsi, pour lui, la description de l'œuvre des six jours ne signifiait rien autre chose que l'ordre et la succession qui règnent dans le monde.

Philon contribua plus que personne à faire la fortune de la méthode exégético-allégorique. Non seulement il en détermina les règles, mais il les appliqua dans ses nombreux travaux sur la Bible. On croit que cette même méthode fut aussi celle des Esséniens.

DEUXIÈME PARTIE

La Bible chez les Juifs depuis Jésus-Christ.

—

CHAPITRE PREMIER

LA BIBLE CHEZ LES JUIFS PENDANT LES SEPT PREMIERS SIÈCLES DE L'ÈRE CHRÉTIENNE

§ I. — Le texte.

Inutile de faire observer que les Juifs ne reconnurent jamais l'autorité des écrits du Nouveau Testament. Ces livres étaient pour eux des livres exécrés. Ils ne voulurent jamais et ne veulent encore avoir que la Bible de l'Ancien Testament.

Vers l'an 90 après Jésus-Christ, les rabbins se réunirent à Jamnia pour arrêter officiellement la collection des Ecritures. Il y avait dans cette ville une école célèbre. Jochanan ben Zaccaï, un des plus illustres disciples de Hillel, venait de l'y établir. Il avait été témoin du siège et de la prise de Jérusalem. Comme Jérémie à l'époque de la destruction du premier temple, ce Jochanan essaya de sauver tout ce qui pouvait être sauvé. Il obtint de Vespasien la permission de fonder une école à *Jabneh* (Jamnia), au pays des Philistins. A cette école fut confié le trésor le plus précieux de la nation juive, la Bible. Les rabbins de Jamnia commencèrent donc par proclamer la souveraine autorité du texte hébreu. Déjà le texte du *Pentateuque* était arrêté ; on avait dû le fixer à l'époque des Septante. Celui des *Prophètes* et des *Hagiographes* le fut aussi vers la fin du Ier siècle avant Jésus-Christ. Mais l'uniformité dans la transcription des exemplaires n'était pas encore un fait accompli. Le synode de Jamnia décida qu'on travaillerait à obtenir au plus tôt ce résultat tant désiré. En outre il condamna la Bible grecque, dite des Septante. A partir du jour où cette Bible était devenue pour l'Eglise chrétienne l'édition officielle de l'Ancien Testament, les Juifs l'avaient prise en haine. On ne lui pardonnait plus les différences qu'elle présentait avec l'hébreu ; on s'irritait surtout de voir les chrétiens s'autoriser d'elle pour réfuter les interprétations des rabbins. La synagogue la proscrivit donc, et les docteurs réunis à Jamnia ordonnèrent la publication d'une version grecque, soi-disant plus littérale. Le juif Aquila, au IIe siècle, entreprit ce travail, et sa traduction remplaça celle des Septante aux mains des enfants d'Israël.

Grâce à l'activité d'un rabbin de cette époque, Akiba ben Joseph, l'uniformisation du texte de la Bible fut réalisée dès la première moitié du second siècle. On choisit un exemplaire des Ecritures plus soigné, mais qui cependant n'était point sans fautes. On l'adopta comme le type des exemplaires à venir.

Ce fut le *Textus receptus* (hebræus). Sur ce texte-type se concentrèrent les travaux des docteurs pendant toute la période talmudique, soit depuis le IIIe siècle jusqu'au VIIe.

En effet, les γραμματεῖς de ce temps-là se proposèrent de compléter les essais critiques de leurs devanciers, et par des observations ou des signes graphiques de prévenir toute altération dans la transcription du *Textus receptus*. A cette fin ils notèrent les particularités grammaticales du texte, signalant par exemple, les lettres majuscules, les lettres finales, les lettres médianes, et même le nombre de toutes les lettres d'un paragraphe, d'une section, d'un livre.

Les γραμματεῖς ajoutèrent aussi des variantes. La plupart de celles-ci devinrent plutôt un commentaire qu'une correction. Par exemple, aux mots du texte on substitua à la marge d'autres mots : en particulier les noms *Adonaï* ou *Elohim* au nom trois fois saint de Jéhovah. Quelquefois par un simple changement d'orthographe on sut rattacher à un mot tout un enseignement rabbinique. Ainsi dans *Aggée*, I, 8, le texte porte « ekkabedâ », *je serai glorifié ;* on substitua à la marge pour la lecture « ekkabedah » (avec le ה final). Les rabbins prétendaient rappeler que l'omission dans le texte de la lettre *he* (ה) qui a la valeur numérique de cinq était intentionnelle et signifiait la perte des cinq objets : le feu, l'arche, l'*Urim* et le *Tummim*, l'huile d'onction et l'esprit que le second temple ne possédait plus.

Enfin, l'on décida de séparer sur les rouleaux sacrés les mots, les phrases, les versets, les sections.

§ II. — L'interprétation du texte.

Pendant les sept premiers siècles de l'ère chrétienne, les docteurs juifs continuèrent d'interpréter la Bible suivant les lois du *Midrsach*. Ces lois furent de bonne heure formulées. Hillel en comptait sept pour la *halakha*, et le rabbin Ismaël treize. Pour la *haggada* Eliézer n'en a pas compté moins de trente-deux. Quelques-unes de celles-ci sont absolument insensées. Exemple. L'herméneutique de l'*haggada* permettait de remplacer dans l'Ecriture un mot par un autre pourvu qu'il eût la même valeur numérique. Or, les rabbins s'étant scandalisés de lire dans la *Loi* (*Nomb.*, XII, 1) que Moïse avait épousé une éthiopienne, — en hébreu *hacouschith*, — remplacèrent ce mot par les suivants *jéphath madéée*, qui signifient *belle à voir*. Cette substitution était légitime, parce que *hacouschith* et *jéphath madéée* représentent la même valeur numérique, soit 735.

Les règles d'Hillel pour la *halakha* sont plus sérieuses.

En somme, toutes ces lois étaient basées sur deux principes : premièrement rien n'est fortuit ni indifférent dans la parole de Dieu : pléonasme, ellipse, anomalies grammaticales, transposition de mots ou de faits, tout étant calculé pour nous apprendre quelque chose ; secondement la Bible est une et multiple dans ses significations. La divine parole, dit le Talmud, ressemble au feu qui se divise en mille étincelles, ou au rocher qui éclate en nombreux fragments sous le marteau qui le frappe.

Pour les auteurs des *midraschim*, la *Loi* était tout, mais la *Loi* expliquée par la παράδοσις τῶν πρεσβυτέρων. C'est dans cette tradition que le docteur israélite allait chercher une réponse à tout, dût-il pour cela presser le texte à l'excès.

Les principaux monuments de cette littérature midraschique sont la *Mekhilta*, commentaire sur l'*Exode ;* le *Siphra*, commentaire sur le code sacerdotal du *Lévitique ;* le *Siphré*, commentaire sur les *Nombres* et sur le *Deutéronome ;* le *midrasch rabba*, œuvre de différentes mains, et vaste compilation exégétique sur le *Pentateuque* et les *Meghilloth*.

Aux *midraschim* on peut rattacher les Targums, ou paraphrases des livres hébreux de l'Ancien Testament. Ces paraphrases, vraies gloses explicatives, furent orales d'abord. Cinquante ans environ avant la destruction du temple, on songea à les fixer par écrit, mais la rédaction définitive exigea beaucoup de temps, et ne dut guère être arrêtée que vers le IIIe ou le IVe siècle du christianisme. Ces Targums furent achevés les uns en Babylonie, les autres en Palestine. Ceux de Babylonie sont au nombre de deux ; le Targum d'Onkelos sur le *Pentateuque* et le Targum de Jonathan ben Uzziel sur les *Prophètes*. Les Targums palestiniens sont plus nombreux ; on en compte deux sur la *Thorâh* et huit sur les *Hagiographes*. Il en existait plusieurs sur les *Prophètes ;* nous ne les avons plus.

A la même époque remonte la rédaction du Talmud, immense recueil des décisions théologiques, juridiques, philosophiques, des rabbins d'Israël. Le Talmud se compose de la *Mischna* et des deux *Ghemaras* dites l'une de Jérusalem et l'autre de Babylone. — La *Mischna* (1) a pour base la Bible, et principalement la *Thorah* qu'elle explique. Œuvre de plusieurs générations de docteurs, elle fut commencée par Hillel, développée par Akiba, par Méir, et surtout par Juda le saint et fut terminée vers le milieu du IIIe siècle.— Les *Ghémaras* (2) de Jérusalem et de Babylone ne sont que des commentaires ou suppléments de la *Mischna*, faits par les docteurs *amôraïm* (interprètes), successeurs des mischnaïtes ou *tannaïtes*. La *Ghémara* jérosolymitaine fut complétée et achevée à Tibériade vers 350 ; la *Ghemara* babylonienne fut surtout rédigée à Sura en Babylonie et terminée vers l'an 500 ou 550. On fit encore quelques additions aux *Ghemaras* pendant les deux siècles qui suivirent, et même durant la première moitié du VIIIe siècle, mais ces additions sont sans importance.

CHAPITRE II

LA BIBLE HÉBRAÏQUE CHEZ LES JUIFS DEPUIS LE VIIIe SIÈCLE JUSQU'A L'IMPRIMERIE

§ I. — La Bible des Massorètes.

On appelle massorètes les docteurs juifs qui collaborèrent à la *massore*. La « massore » (de מסר, *trans-*

(1) *Mischna* signifie « répétition », δευτέρωσις.
(2) *Ghemara* signifie « élucidation », ou « complément ».

mettre) comprend en général tous les travaux de critique et d'exégèse des rabbins sur le texte sacré depuis Akiba jusqu'au moyen âge. Néanmoins l'on donne plus particulièrement l'épithète de *massorétique* à la période qui embrasse les VII, VIII, et IXe siècles ; partant, le nom de *massorètes* convient surtout à ces rabbins qui introduisirent dans le texte de tous les livres de la Bible hébraïque le système de vocalisation et de ponctuation inventé au VIe siècle et au VIIe par les *badlé niqqoud* ou « ponctuateurs ». C'est seulement vers le milieu ou vers la fin du IXe siècle que cette *adaptation* eut lieu.

On sait que jusqu'à l'époque de la clôture du Talmud le texte hébreu ne présentait que des consonnes. Les Juifs n'étaient point embarrassés pour lire, car ils connaissaient la prononciation par tradition. Mais cette tradition pouvait s'altérer, se perdre même tout à fait. Il importait de la fixer.

Pendant trois siècles (VII-IXe siècles) les « ponctuateurs » y travaillèrent. Des signes conventionnels furent arrêtés, les uns pour la prononciation et les autres pour la récitation.

La prononciation des consonnes fut marquée par tout un système de points (simples ou combinés entre eux), de petits traits horizontaux ou verticaux, destinés soit à représenter les voyelles, soit à indiquer les propriétés de quelques consonnes (consonnes à redoubler, à prononcer avec aspiration ou non, etc.). On plaça ces signes au-dessus, au-dessous ou au dedans des lettres.

Mais quelle prononciation ces points-voyelles fixaient-ils ? Ce ne pouvait pas être absolument l'ancienne prononciation, en usage lorsque les différents livres de la Bible furent composés. La prononciation de l'hébreu subit d'inévitables variations. Néanmoins les Juifs eurent toujours une manière traditionnelle de prononcer et de lire le texte sacré. C'est cette prononciation conservée par tradition orale et vraisemblablement bien des fois séculaire que les « massorètes » ont fixée.

Nous en avons la preuve dans ce fait que les plus vieux Targums et le Talmud ont lu à peu près comme nous lisons aujourd'hui. Les transcriptions données par Origène du texte hébreu en caractères grecs s'accordent aussi en général avec la prononciation massorétique.

De plus les « massorètes » fixèrent à l'aide de signes ou d'accents la récitation du texte. On sait que les Juifs lisaient la Bible dans les synagogues. Cette lecture était modulée d'après le sens et le groupement logique des mots. Or, à l'aide des accents on régla justement cette modulation, et l'on détermina ce groupement des mots dans la phrase.

Les « massorètes » ne s'en tinrent pas là. Ils consignèrent par écrit toutes les observations critiques de leurs devanciers, auxquelles ils joignirent les leurs. Rien n'échappa à leur perspicacité minutieuse. Les versets, les mots, les lettres même de chaque livre furent comptés ; toutes les particularités d'un mot furent signalées. On mentionna par exemple combien de fois tel mot est écrit avec une orthographe pleine ou défective, avec telles voyelles, tels accents, etc.

Nous connaissons les noms des principaux de ces patients travailleurs. C'étaient Moïse ben Ascher, Aaron ben Ascher, Jacob ben Nephtali, Saadia, etc. Les deux ben Ascher enseignaient à Tibériade ; ben Nephtali vivait en Babylonie ; Saadia était né dans la haute Egypte. Ils appartiennent au xe siècle.

Grâce aux travaux des « massorètes » le texte de la Bible hébraïque demeura dans son ensemble fixé et uniforme non seulement quant à la rédaction matérielle, mais encore pour sa prononciation. La « massore » fut donc bien « la haie protectrice de la *Loi* » (1).

(1) *Pirké Aboth*, III, 13.

§ II. — La Bible hébraïque chez les Juifs du moyen âge.

Pendant le moyen âge, les rabbins s'attachèrent à conserver dans son intégrité et à transcrire avec une fidélité scrupuleuse le texte massorétique. C'est la recension de la Bible d'Akiba, faite par Aaron ben Ascher, qu'ils ont surtout transmise. On croit qu'ils détruisirent tous les exemplaires antérieurs ; l'exemplaire-type des « massorètes » leur suffisait. Ce qui explique peut-être pourquoi nous n'avons plus de manuscrits du texte hébraïque remontant au delà du xe siècle.

Les Bibles juives au moyen âge formaient deux catégories. Il y avait les Bibles des synagogues, qui ne contenaient que le *Pentateuque*, les sections des *Prophètes*, et les cinq *Meghilloth*(Cantique, Ruth, Lamentations, Ecclésiaste, Esther). Le texte de ces Bibles synagogales était le *Textus receptus*, mais sans points-voyelles, sans accents, sans notes massorétiques. Elles se composaient de rouleaux de parchemin séparés et sur lesquels les caractères étaient tracés avec un soin infini, et souvent ornementés.

Mais les particuliers avaient aussi leurs Bibles. Celles-ci renfermaient un plus grand nombre de livres que les manuscrits des synagogues ; rarement cependant les livres saints y étaient au complet. Le texte était celui des « massorètes », vocalisé et ponctué écrit tantôt sur parchemin, et tantôt sur papier ordinaire. On employait le plus souvent les caractères carrés, mais quelquefois aussi les caractères rabbiniques.

Les Juifs avaient défense de vendre aucun exemplaire de leur Bible. Lorsque les feuillets se trouvaient usés, détériorés, et qu'ils ne pouvaient servir pour un motif ou pour un autre, on les détruisait et on les jetait dans la *geniza*, sorte de piscine attenante à l'édifice synagogal. Malgré cela un assez bon nombre de vieux manuscrits nous sont parvenus. L'anglais Kennicot, au XVIIIe siècle, en collationna un grand nombre. Le savant prêtre italien de Rossi en a recueilli pour sa part 1418 dans la première partie de notre siècle. Depuis, les orientalistes en ont trouvé d'autres à Odessa, et en dehors de l'Europe.

Il est à remarquer que pendant le moyen âge le texte de la Bible hébraïque fut fidèlement transmis et copié. Le texte de la *Thorâh* en particulier paraît avoir été toujours le plus soigné et le moins chargé de variantes ou de fautes.

§ III. — L'exégèse caraïte.

Au VIIIe siècle, une révolution s'opéra dans l'exégèse juive de la Bible. Elle fut provoquée par les caraïtes. Le caraïsme existait, selon toute probabilité, avant cette époque ; peut-être les sectateurs de cette doctrine descendaient-ils des écoles grecques établies en Syrie et en Palestine sous la domination des Séleucides. Ce qui est sûr, c'est que vers la fin du VIIIe siècle leur influence grandit, et supplanta celle de leurs adversaires, les talmudistes pharisiens.

A la différence de ceux-ci qui vénéraient par dessus tout la παράδοσις τῶν πρεσβυτέρων, et qui expliquaient par elle le texte écrit de la *Loi*, les caraïtes négligeaient les traditions orales et s'attachaient de préférence à la lettre seule du texte inspiré. Anan, un de leurs plus illustres maîtres, — d'aucuns disent leur fondateur, — avait dit : « Explorez assidûment la *Loi* ». Les Caraïtes obéirent et se montrèrent les adversaires déclarés du *midrasch*. Ils recherchaient donc principalement le sens littéral — sans exclure les sens mystiques. On les appelait *baâlé miqrâ*, les « maîtres du texte », les « textuaires ». Au fond, leur interprétation de la Bible fut souvent assez indépendante. Voilà pourquoi ils ont été surnommés les « protestants du judaïsme ».

A partir du XIe siècle et surtout du XIIe, leur influence baissa. Il y a encore aujourd'hui quelques survivants de cette secte en Pologne et dans l'Autriche-Hongrie.

§ IV. — L'exégèse cabaliste au moyen âge.

Les cabalistes prétendaient garder la tradition transmise par Dieu à Abraham et à Adam (1). Ils tinrent école pendant le moyen âge. Ces rabbins se glorifiaient d'avoir une méthode d'exégèse toute particulière, et reposant sur ce principe : le texte saint offre des sens multiples, surtout des sens cachés, ésotériques, dont l'intelligence est réservée aux seuls initiés. De même que dans un arbre il y a la moelle et l'écorce, et dans un fruit le noyau et la pulpe, ainsi dans les paroles de l'Ecriture on distingue le sens de la lettre et le sens du mystère. Les Cabalistes se préoccupaient moins du premier sens et lui préféraient le second. Leur art consistait à soumettre l'Ecriture à une exégèse fantaisiste, basée souvent sur des combinaisons puériles, ridicules même, de mots, de lettres et de chiffres.

Le système herméneutique des Cabalistes comprenait trois parties : la *ghematria* (2), le *notariqon* (3), la *temurah* (4).

D'après les lois de la *ghematria* on supputait la valeur numérique des lettres d'un mot et l'on basait sur le nombre ainsi obtenu des inductions, des rapproche-

(1) Le mot cabale (קבלה) de קבל, « transmettre », signifie doctrine, tradition communiquée.

(2) De γραμματεία, γραμμα, lettre.

(3) Du bas latin *notaricum, notarius*, abréviateur, abréviation.

(4) De מור, changer, permuter.

ments explicatifs du mot lui-même ou de la phrase entière.

Exemple. Le mot *Messias*, en hébreu משיה, représente numériquement 358, savoir :

מ m = 40
ש sch = 300
י i = 10
ה h' = 8 = 358

Or, le mot *serpent*, en hébreu נחש, représente le même nombre, savoir :

נ n = 50
ח h' = 8
ש sch = 300 = 358

Donc, selon les cabalistes, le Messie sera vainqueur du serpent (!).

Le *notariqon* enseignait à faire d'un mot une phrase ou d'une phrase un mot. Dans le premier cas on prenait chaque lettre du mot et on substituait à cette consonne un mot entier commençant par cette même consonne, de manière à obtenir une phrase complète.

Exemple. Le mot hébreu par lequel s'ouvre la *Genèse*, comprend *six* lettres ; ב, ר, א, ש, י, ת. Or, en substituant à chacune de ces lettres initiales un mot entier, commençant par la même lettre,

de B, ב	je fais	*Bârâ*	= *Creavit,*	ברא
de R, ר	—	*Râqia*	= *Firmamentum,*	רקיע
de A. א	—	*Aerets*	= *Terram,*	ארץ
de SCH, ש	—	SCH*âmaim*	= *Cælos,*	שמימ
de I, י	—	*Idm*	= *Mare,*	ימ
de T, ת	—	*Teôm*	= *Abyssum*	תהומ

D'où les Cabalistes se croyaient en droit de conclure

que le premier mot de la *Genèse* renferme à lui seul une description de la création entière.

Enfin la *temurah* enseignait à tirer d'un texte biblique différents sens, soit en transposant les consonnes d'un mot, soit en substituant à ces consonnes d'autres consonnes, par exemple à א la consonne ת, à ב, la consonne ש.

Exemple. Dans *Exod.*, XXIII, 20, 23, Jéhovah parle de *son ange*, qui marchera devant Israël. Le mot qui signifie *ange* se compose en hébreu de *quatre* consonnes : מ, ל, א, ך, auxquelles s'ajoute la consonne du pronom suffixe י. Or, je puis transposer ces lettres ainsi : מ, י, כ, א, ל, et lire מיכאל. D'où je conclus que l'ange de Jéhovah n'était autre que l'archange saint Michel.

Inutile d'observer que ces combinaisons de chiffres et de lettres ressemblent moins à des procédés d'exégèse, qu'à de véritables tours de prestidigitation.

CHAPITRE III

LA BIBLE HÉBRAÏQUE DEPUIS L'IMPRIMERIE

§ I. — Les premières éditions imprimées de la Bible hébraïque.

Le premier livre de la Bible hébraïque sorti de la presse, parut en 1477. C'était le *psautier*. On l'imprima à Bologne où fut publié également et pour la première fois, en hébreu, le *Pentateuque*, 1482. Les *Prophètes* suivirent, en 1486. On les imprima à Soncino, près de

Crémone, avec les cinq *Meghilloth*. Enfin, tous les *Hagiographes* furent édités à Naples en 1487.

C'est seulement à la fin du xve siècle, en 1488, que le rabbin Josué Salomon fit paraître à Soncino la *première* édition complète de l'Ancien Testament dans le texte original. Dès 1494 cette édition fut reproduite à Brescia.

Ces impressions de la Bible hébraïque laissent à désirer au point de vue critique, parce que les éditeurs ne discutèrent point assez la valeur des manuscrits dont ils se servaient.

Au xvie siècle des éditions meilleures et plus soignées parurent. Citons d'abord — parce qu'elle est la première en date — la célèbre polyglotte d'Alcala (1514-1517). Le cardinal Ximénès en ordonna et dirigea l'exécution. Le texte hébreu y est réimprimé d'après de bons manuscrits, muni de voyelles mais sans accents. Vers le même temps, en 1517 ou 1518, un juif converti, Félix Prato, publia chez Bomberg, à Venise, une Bible hébraïque avec la « massore » et les Targums. Quelques années plus tard (1524-1525), le savant israélite, Jacob ben Hayim, fit imprimer à Venise encore, chez Daniel Bomberg, la grande Bible, dite « seconde de Bomberg ». On y trouve le texte, la « massore », les Targums et quelques commentaires des plus doctes rabbins. Cette édition — avec celle d'Alcala — a servi de type aux éditions postérieures. Enfin, de 1569 à 1572 parut la polyglotte d'Anvers, publiée chez Plantin, sous les auspices de Philippe II d'Espagne et par les soins d'Arias Montano. Cette polyglotte eut un immense succès, car, dit Richard Simon, « on n'avait rien vu jusqu'alors de si magnifique ni de si utile sur la matière ».

Au xviie siècle parurent quatre grandes éditions de la Bible hébraïque. D'abord la *Bible rabbinique* de J. Buxtorf. Elle fut imprimée à Bâle en 1618-1619. On y trouve le texte des éditions de Bomberg, mais revisé sur la « massore », ainsi que les Targums, la « massore » elle-même et les commentaires des meilleurs rabbins.

Puis vint la polyglotte de Paris, publiée de 1628 à 1645 chez Vitré, par les soins de plusieurs savants et aux frais de Michel Le Jay, avocat au Parlement. Elle contient le texte hébreu de la polyglotte d'Anvers, avec le texte hébreu samaritain et la version samaritaine en caractères samaritains.

Plus tard, de 1653 à 1657, on imprima la polyglotte de Londres ou de Walton, plus commode et plus critique que la précédente. Au temps de Richard Simon « il n'y avait rien de plus achevé pour la Bible que la polyglotte de Londres ».

Enfin, le typographe juif hollandais, Joseph Athias, publia en 1661 et en 1667 deux éditions différentes de la Bible hébraïque, qui ont servi de base à toutes les éditions postérieures. Le XVIIIe siècle n'a point imprimé d'autre Bible que celle d'Athias. La meilleure de ces rééditions est due à Van der Hooght qui la fit paraître à Amsterdam en 1705.

§ II. — La Bible hébraïque de nos jours.

Jusqu'en 1861, la Bible de Van der Hooght est restée le *Textus receptus* de la Bible hébraïque.

Jahn, à Vienne, l'a reproduite en 1806. En Allemagne, Hahn (1832), Rosenmüller (1834), Theile (1849); en Angleterre, Judah d'Allemand (1825) et Davidson (1855) l'ont également rééditée. On la retrouve encore, à côté des versions des Septante, de la Vulgate et de Luther, dans la polyglotte de Stier et Theile (1846-1855).

Mais, en 1861, Baer commença la publication d'une édition toute nouvelle du texte hébreu massorétique, avec des préfaces du docte hébraïsant F. Delitzsch. Le texte de l'édition Baer-Delitzsch est celui de la « massore » palestinienne, ou une recension nouvelle du texte d'Akiba.

Dans les Bibles hébraïques modernes, le texte sacré est divisé en chapitres et en versets. La division des chapitres est numérotée en lettres hébraïques; celle des versets l'est en chiffres. Autrefois les versets étaient numérotés en lettres et seulement de cinq en cinq. On a conservé cette dernière numérotation à côté de l'autre.

La division des chapitres est imitée de celle que le cardinal Hugues de Saint-Cher, — ou plus probablement le cardinal Etienne Langton, archevêque de Cantorbéry (1228), — adopta au XIIIe siècle pour la Vulgate. C'est Isaac Nathan qui s'en servit le premier dans sa concordance achevée vers 1448.

La numérotation des versets est copiée sur celle que Henri Estienne introduisit dans sa Bible latine de 1555.

Les Bibles hébraïques modernes renferment encore l'indication des différentes sections du *Pentateuque* (*paraschoth*) et des *Prophètes* (*haphtaroth*), que les israëlites lisaient et lisent encore dans les synagogues. Nous en parlons dans le chapitre suivant.

Il est à remarquer que, depuis la découverte de l'imprimerie, les Juifs ont voulu quand même avoir toujours des éditions manuscrites des saints livres. Ce sont ces exemplaires (les rouleaux sacrés) qui leur servent pour les lectures synagogales.

CHAPITRE IV

LA BIBLE A LA SYNAGOGUE

Les Juifs conservent avec vénération les « rouleaux sacrés » dans leurs synagogues. Ces manuscrits de parchemin contiennent la *Loi* (Pentateuque), les *Prophètes* et les cinq *Meghilloth* disposés dans l'ordre des lectures : le *Cantique* (Pâques), le livre de *Ruth* (Pentecôte), les *Lamentations* (au jeûne d'*ab* = juillet-août), l'*Ecclésiaste* (Tabernacles), le livre d'*Esther* (*Purim*). Souvent se trouvent ajoutés les *Psaumes* et *Daniel*. Les rouleaux n'ont ni points-voyelles, ni accents ; néanmoins les Juifs savent les lire avec une volubilité et une assurance extraordinaires.

Ces manuscrits précieux sont conservés dans la *Tébah*, sorte d'arche ou d'armoire en bois placée au fond de la synagogue, contre le mur faisant face à l'entrée de l'édifice. On les recouvre d'ordinaire d'une toile de fin lin et on les « roule » dans un étui. Un dais recouvre l'armoire, au-devant de laquelle est tendu un rideau qui rappelle le voile du temple. Au mur est suspendue une lampe qui brûle jour et nuit en souvenir de celle du tabernacle, et pour symboliser la lumière que la révélation divine jette dans l'âme du Juif fidèle. Dans l'hémicycle ou le sanctuaire se dresse le *lectrum*, sorte de pupitre destiné au lecteur, ou à l' « ange de la synagogue », qui doit réciter la section de la *Thorah* ou des *Nebiim*, assignée pour le jour ou pour la fête.

Cet usage de lire à la synagogue la *Loi* et les *Prophètes* est fort ancien. « Depuis une époque immémoriale, dit Wogué, mais qui ne paraît cependant pas antérieure à Esdras, on lisait le *Pentateuque* comme il suit : Chaque sabbat, sept membres de la communauté étaient appelés à lire tour à tour publiquement un des chapitres de la section ou *sidra* hebdomadaire. Ils étaient assistés par un interprète... qui expliquait verset par verset le texte lu aux fidèles... A une époque également incertaine, l'usage s'établit de joindre à la lecture du *Pentateuque* celle des chapitres les plus remarquables des livres prophétiques. Chaque samedi et chaque fête, après l'office du matin (dit *Yôsér*) et la lecture de la *Loi*, un passage des *Prophètes* était lu publiquement par un fidèle et expliqué par l'interprète...

Dans le choix de cette lecture supplémentaire on s'attachait à ce que le passage offrît dans son ensemble ou dans certains détails quelques analogies avec la section correspondante ou la solennité du jour (1) ».

Ces usages ont été conservés. Voilà pourquoi nos Bibles hébraïques modernes indiquent les différentes sections du *Pentateuque* et des *Prophètes* à lire dans les assemblées de la synagogue. — Les sections du *Pentateuque* sont appelées פרשות, *paraschoth*. En Palestine, les Juifs consacraient autrefois trois ans à lire la *Loi*, qu'ils partageaient en 153 ou 154 sections. C'est de ces *paraschoth* triennales que parle le Talmud. De nos jours les Juifs divisent le *Pentateuque* en 54 (ou 53) sections, représentant chacune une lecture sabbatique dans le système du cycle annuel, — « division variable, remarque Wogué, selon que l'année est commune ou embolismique ». Ce sectionnement pratiqué aujourd'hui ne paraît avoir été fixé définitivement que depuis le XIVe siècle. Il se rattache, croit-on, à la pratique des Juifs babyloniens qui lisaient la *Loi* entière dans l'espace d'un an (2).

Les *paraschoth* du *Pentateuque* sont dites *ouvertes* ou *fermées*, suivant que dans les rouleaux manuscrits elles commencent à la ligne ou au milieu de la ligne. Dans le premier cas, la ligne précédente restait en effet inachevée et *ouverte* ; dans le second cas, la ligne se continuait et n'était coupée que par un petit espace laissé à dessein. Chacune des 54 *paraschoth* sont encore subdivisées en sections moindres, — sept au minimum, — renfermant chacune le nombre de versets — au minimum trois — à lire par chacun des sept individus invités le samedi à faire la lecture de la *Loi*. Ces sections plus petites sont, elles aussi, *ouvertes* ou *fermées*.

Dans nos Bibles, les grandes sections ouvertes sont

(1) *Op. cit.*, pp. 165-166.

(2) La *Thorah* dans les Bibles hébraïques est encore divisée en 669 alinéas ou paragraphes.

indiquées par la lettre פ (*phe*) répétée trois fois פפפ. De plus chacune de ces sections est numérotée à l'aide d'une autre lettre de l'alphabet hébraïque, soit פפפא = *paraschah* première. Les grandes sections fermées sont désignées par la lettre ס (samech) répétée trois fois : ססס. Quant aux petites sections, elles sont marquées par un seul פ ou un seul ס.

Les sections des *Prophètes* portent le nom de הפטרות, *haphtaroth*. Le mot *haphtarah* signifie « licenciement ». En effet, après la lecture de l'*haphtarah* on congédiait l'assemblée. Les *haphtaroth* ne sont pas indiquées dans l'intérieur du texte sacré, mais sous le texte ou à la marge par des notes massorétiques. Elles ont été choisies de manière à s'harmoniser avec les *paraschoth* de la *Thorah* désignées pour le même jour. Il est remarquable que les rabbins ne font point lire la partie des prophéties d'Ezéchiel qui décrit le char et les roues du char de Dieu. Rabbi Eliézer avait même voulu retrancher le passage d'Ezéchiel, XVI, 2.

Chaque *paraschah* lue est aussitôt traduite en langue usuelle, puis commentée. On fait de même pour l'*haphtarah*. Le lecteur est choisi par le chef de la synagogue. On l'appelle *maphtir*. Il est distinct ordinairement de l'interprète ou targumiste chargé de traduire les versets. Celui-ci est institué officiellement pour la fonction. On l'appelait autrefois *darschan* ; aujourd'hui il s'appelle plus souvent *meturgeman*. Le chef de la synagogue désigne habituellement le lecteur et celui qui doit commenter ou faire le *midrasch*. Cependant quiconque se croit capable de remplir l'office de *midraschiste* peut s'offrir, au risque de n'être pas accepté. Lorsqu'un personnage de marque assiste à la réunion, on l'invite à faire la fonction de *darschan*. C'est ainsi que Notre-Seigneur lut un jour à la synagogue de Nazareth et commenta un passage d'Isaïe (1).

(1) Cf. Luc, IV.

Saint Paul aussi prit souvent la parole en de semblables circonstances.

Chaque verset de la *Loi* est lu et interprété isolément. Quand le lecteur s'arrête, l'interprète commence aussitôt, mais ce dernier ne doit pas en paraphrasant tenir ses yeux fixés sur le « rouleau sacré », de peur que les assistants ne s'imaginent que ce qu'il dit est dans la *Loi*, et que l'Ecriture ne soit par là rendue responsable du *midrasch* entendu. — Pour la lecture de l'*haphtarah* une plus grande latitude est accordée. On lit et on explique, si l'on veut, trois versets à la fois.

Voici dans quel ordre on procède aux lectures de la Bible dans les synagogues (1). La cérémonie commence par des prières et des bénédictions. D'abord la prière dite *yôsêr* qui débute ainsi : « Sois loué Eternel qui formes la lumière et crées les ténèbres », etc. Puis l'on récite le *Schema* et le *Schemone esrê* ; ce sont de véritables litanies de bénédictions que le Juif adresse à Jéhovah. Alors le *seliah*, ou ministre officiant de semaine, se rend à la *têbah*, pendant que le *chazzan*, ou sacristain de la synagogue, tire de l'armoire les rouleaux de la *Loi*. Le lecteur se rend aussitôt au pupitre devant l'arche et se met à lire verset par verset la première section de la *paraschah* assignée pour le jour. Le *seliah* et le *chazzan* surveillent sa lecture. Le targumiste traduit immédiatement le verset lu. Ensuite les six autres lecteurs se succèdent tour à tour. Les sept sections de la *paraschah* achevées, on remet le rouleau à sa place dans la *têbah*. Si c'est un samedi, on sort du coffre le volume des prophètes, et un huitième lecteur lit l'*haphtarah* que le targumiste traduit pour la foule. L'assistance debout jusque-là se rassied,

(1) On se réunit trois fois la semaine dans les synagogues pour l'office et pour la lecture de la Bible : le second, le cinquième et le septième jour, c'est-à-dire le lundi, le jeudi et le jour du sabbat ou samedi.

et le chef de la synagogue — le *rosch hakeneset* — invite le *darschan* à commenter les passages bibliques ou à adresser une exhortation au peuple.

L'instruction terminée, on récite de nouveau quelques prières et la cérémonie prend fin.

Les choses se passaient ainsi au temps de J.-C., et au moyen âge. Aujourd'hui le même cérémonial est conservé, avec quelques modifications pourtant qui varient suivant les synagogues et les pays.

FIN

TABLE DES MATIÈRES

Saint-Amand (Cher). — Imp. DESTENAY, Bussière frères.

www.ingramcontent.com/pod-product-compliance
Ingram Content Group UK Ltd.
Pitfield, Milton Keynes, MK11 3LW, UK
UKHW021637260726
13994UKWH00003B/1205

9 782019 694753